HELLER GLANZ IN STILLER NACHT

Neue Weihnachtsgeschichten und Gedichte

VERA HEWENER

AF194109

Verlieren Engel Federn? Warum leuchten die Sterne so hell? Was hat der Nürburgring mit Nürnberger Lebkuchen zu tun? Die neuen Weihnachtsgeschichten und Gedichte von Vera Hewener bereiten auf das große Fest der Liebe vor. Besinnliche und stimmungsvolle Momente laden zum Innehalten, Schmökern und Vorlesen ein.

Vera Hewener erhielt für ihr Werk mehrere internationale Auszeichnungen und Literaturpreise, u.a. Superpremio Cultura Lombarda 2001 vom Centro Europeo di Cultura Rom (I), Grand Prix Européen de Poésie (F) 2005 vom Centre Européen pour la Promotion des Arts et des Lettres CEPAL Thionville (F), Goethe Trophäe (F) 2007, zuletzt Wilhelm Busch Preis (F) 2017.

„Heweners Sprache ist Rhythmus und Malerei." Beatrix Hoffmann, SZ, 07.05.02. "Hymnisch-gewaltige Gesänge lassen an Hölderlin und Rilke denken." Jürgen Kück, SZ, 17.11.03. "Tief religiöse Gedichte stehen neben humorvollen Balladen und Erzählungen...ein Buch zum Stöbern, Schmunzeln, Nachdenken und Innehalten für alle Generationen." Saarbrücker Zeitung, 30.10.2014. "Anmutige, unverbrauchte Bilder." Ruth Rousselange, SZ, 07.06.17. "Offensichtlich steckt auch ein Schalk in Hewener... einer der Pointen nicht scheut und es auch mal schätzt, den direkten Weg in die Herzen schlagen zu können " Anja Kernig, SZ, 07.12.17. „Das Buch weckt Kindheitserinnerungen, schafft innige Momente der Geborgenheit und Vertrautheit." Wochenspiegel 29.10.22. „Verszauber mit balsamischer Wirkung, Gedichte für Herz, Seele und Verstand." Louie, Nachrichtenblatt für Saarlouis, Ausgabe 6/23.

HELLER GLANZ IN STILLER NACHT

Neue Weihnachtsgeschichten und Gedichte

VERA HEWENER

Die Deutsche Bibliothek verzeichnet diese Publikation in der Deutschen Nationalbibliografie; detaillierte bibliografische Daten sind im Internet abrufbar unter www.http://dnb.dnb.de.

© BoD - Books on Demand GmbH. Alle Rechte vorbehalten. Das Werk, einschließlich seiner Teile, ist urheberrechtlich geschützt. Jede Art der Verwertung ist ohne Zustimmung des Verlages und der Autorin unzulässig. Dies gilt insbesondere für die elektronische oder sonstige Vervielfältigung, Übersetzung, Verbreitung und öffentliche Zugänglichmachung.
© Für die Texte: Alle Rechte bei Vera Hewener
Titelgestaltung unter Verwendung eines Bildes von Almeida auf www.pixabay.de

Herstellung und Verlag:
BoD – Books on Demand,
Norderstedt

Printed in Germany
1. Auflage 2023
ISBN 9783755700357
12,00 EURO

Inhaltsverzeichnis

WEIHNACHTSGESCHICHTEN

DIE KLEINE SCHNEEFLOCKE

Die kleine Schneeflocke purzelte aus den Wolken, weil der Wind so kräftig pustete. Dieser war durch die tiefen Temperaturen erkältet und musste niesen. Aus dem Schneegestöber war sie die einzige Schneeflocke, die hinausgerissen wurde. Hin- und hergeworfen taumelte sie langsam zur Erde.

Eine Krähe, die sich aufgeschwungen hatte, um von oben Nahrung zu erspähen, flog neben ihr her und spottete: „Was ist denn mir dir passiert. Glaubst du, alleine besser fliegen zu können als in deinem Schwarm oder wolltest du nur Walzer tanzen?"

„Wie kommst du denn darauf? Das ist kein Schneewalzer. Der Wind hat mich hinauskatapultiert. Er bekam einen Niesanfall", erklärte die Schneeflocke bereits abgekämpft.

„Einen Niesanfall? Dass ich nicht lachen muss. Seit wann niest der Wind? Der stürmt und braust, weil Winter ist und von Norden her ein tiefer Luftdruck strömt", entgegnete die Krähe.

„So, so, du musst es ja wissen. Bist du unter die Meteorologen gegangen?" spottete nun die Schneeflocke.

Die Krähe räusperte sich: „Ich beobachte nur das Wetter. Schließlich bleibe ich hier und fliege nicht fort. Außerdem kennt jeder Vogel die Höhen und Tiefen der Wetterlage."

„Dann kannst du mir auch sagen, wie ich wieder zurückfinde in meinen Schwarm?", wollte die Schneeflocke wissen. Der Schneewalzer ist ganz schön anstrengend für so eine kleine Flocke wie mich."

„Zurück? Das wird nicht mehr gehen. Der Aufwind ist viel zu stark. Setz dich einfach darauf fest und segele so hinunter. Dann kommst du auch heil an", riet der Rabenvogel.

„Ich soll mich an die Umstände anpassen? Was soll ich denn allein auf dem Boden. Außerdem werde ich sofort zerfließen und sterben", erregte sich die kleine Flocke, die immer noch hin und her im Wind schaukelte.

„Wenn es schneit, kann ich auch keinen Sonnenknopf drücken. Dann such ich von oben nach Nahrung. Was glaubst du, weshalb ich neben dir herfliege?" sagte der Rabenvogel.

„Keine Ahnung. Du könntest dich auch durchwühlen und den Schnee wegschieben", meinte die Flocke.

„Von oben kann ich aber sehen, ob noch Beeren in den Büschen oder Bäumen hängen. Das ist viel einfacher für mich", erklärte die Krähe.

„Ich kann aber nicht zurück. Ich werde gleich vergehen", trauerte die Schneeflocke um ihr kurzes Leben.

„Vielleicht kann ich dir ja helfen", meinte die Krähe.

„Wie denn?" fragte die Schneeflocke neugierig.

„Na, ich flieg jetzt unter dich und du setzt sich auf meinen Hinterkopf. Dann bringe ich dich zur Waldhütte. Dort sind die Fenster schon vereist. Wenn du dich darauf niederlässt, wird aus dir eine Eisblume", versprach die Krähe.

„Au ja, das ist fein, das würdest du für mich tun?", rief die Flocke voller Freude.

„Ja, ja, dann sieh dich jetzt vor. Ich fliege unter dich", sagte die Krähe. Sie flog unter die Schneeflocke und fing sie auf.

„Hui", rief die Schneeflocke voller Aufregung, „das Leben ist ja ein richtiges Abenteuer, wenn man sich anpasst."

Im Tal angekommen hüpfte sie sogleich auf das Fenster der Hütte. Durch die Kälte kristallisierte sie sofort und verwandelte sich in eine vielstrahlige prächtige Eisblume. Um sich zu bedanken, klirrte sie mit den Spitzen. Fast hörte es sich an wie das Lied *„Kling Glöckchen, klingelingeling, kling Glöckchen kling"*.

Die hellen Töne ließen die Waldbewohner in der Stille aufhören. Was war das denn für eine wunderbare Melodie. Sie streckten die Köpfe aus ihren Verstecken und summten vergnügt mit.

„Danke", klirrte die Schneeflocke spitz, „jetzt habe ich ein neues Leben."

„Ist schon gut, ich habe gern geholfen", rief die Krähe, stieß ihr berühmtes Krah-Krah aus und schlug die Flügel zusammen. Dann sammelte sie die vertrockneten Vogelbeeren auf, die der Herbst übriggelassen hatte und in den Ästen zappelten. Denn ohne Nahrung konnte die Krähe zu ihrem Familienverband nicht zurückkehren.

HELLER GLANZ IN STILLER NACHT

Es war Abend geworden. Am Himmel loderten die Sterne. Mariechen sah aus dem Fenster und wunderte sich: „Was ist denn mit den Sternen los. So haben die noch nie geleuchtet und geglänzt."

„Vielleicht ist ein Unglück gescheh'n", sagte Karlchen.

„Meinst du? Vielleicht wollen sie, dass wir Hilfe holen?" fragte Mariechen.

„Jedenfalls machen sie die Wege heller. Da findet man alles viel schneller", meinte Karlchen.

„Wir sollten das Mama sagen. Sie weiß vielleicht, was los ist." Mariechen und Karlchen stürmten in die Küche.

„Du, Mama, die Sterne leuchten heute so hell. Kann das ein Zeichen dafür sein, dass jemand verunglückt ist und Hilfe braucht?", fragte Mariechen aufgeregt.

Die Mutter schabte sich den Teig von den Fingern und sah in die besorgten Gesichter ihrer Kinder. „Warum soll denn ein Unglück geschehen sein?", fragte sie die beiden.

„Es hat bestimmt einen Grund, weshalb sie so hell leuchten. An manchen Tagen ist die Nacht so dunkel, dass man nichts erkennen kann", warf Karlchen ein.

„Ja, ja, bis unsere Augen sich anpassen, dauert es ein Weilchen. Aber wisst ihr, je nachdem, wie der Stand der Sonne ist, wenn sie abends unter die Erde taucht, ist es manchmal heller und manchmal ganz dunkel", erklärte die Mutter.

„Dann würde die Sonne ja von unten scheinen", versuchte Mariechen zu verstehen.

„Die Erde ist doch eine Kugel, wenn auch nicht ganz rund. Wenn die Sonne untergeht, dreht sie sich auf die andere Seite der Erde. Das müsst ihr euch so vorstellen. Sie versinkt am Horizont, weil sie unter die Erde taucht und von dort nach oben strahlt. Der Himmel ist dann wie ein Spiegel des Sonnenlichts. Wenn nun der Winkel steil ist, strahlt sie den Himmel stärker an. Hier bei uns ist Nacht und auf der anderen Seite der Erde Tag."

„Ach so", sagte Karlchen enttäuscht, „und ich dachte, die Sterne seien die Signale des Himmels".

„Manchmal sind sie es ja auch", versuchte die Mutter, die Kinder wieder aufzumuntern.

„Hm, wenn der Himmel nur ein Spiegel ist, ist dann der Stern von Bethlehem auch kein Bote des Christkinds?", betrauerte Mariechen die Erkenntnis.

„Kinder, der Stern von Bethlehem verkündete ein Wunder. Da war es der Sonne egal, wie der Winkel stand. Sie strahlte so sehr, dass sogar die Engel sichtbar wurden", erzählte die Mutter.

„Ein Wunder? Gibt es denn wirklich Wunder?", fragte Karlchen, misstrauisch geworden.

Die Mutter rieb sich die Hände sauber und nahm die Kinder in die Arme: „Was glaubt ihr, was ich da mache?"

„Backen", riefen beide mit großen Augen.

„Richtig. Und weshalb backe ich Plätzchen für uns?" Die Mutter sah sie fragend an.

„Weil Advent ist", vermutete Karlchen.

„Da hast du Recht. Es ist Advent. Und was bedeutet das?"

„Bald ist Weihnachten", kam es Mariechen in den Sinn.

„Und an Weihnachten geschah ein Wunder. Das Jesuskindchen wurde geboren", erklärte die Mutter weiter.

„Weshalb ist das eigentlich ein Wunder? Du hast doch auch uns Kinder geboren?", fragte Karlchen, der sichtlich verunsichert war.

„Ja, Frauen bringen die Kinder auf die Welt. Aber das Jesuskind ist der Sohn Gottes. Die Mutter Gottes wurde ausgewählt, weil sie eine ganz junge Frau war und noch keinen richtigen Mann hatte", tastete sich die Mutter an die Bedeutung des Weihnachtsfestes heran.

„War Josef denn nicht ihr Mann? Der Pastor hat erzählt, dass Josef Maria zur Frau nahm, als sie schwanger wurde", versuchte Mariechen, das Puzzle zusammen zu setzen.

„Ja, er nahm sie zur Frau, weil sie ein Kind erwartete. Aber es war nicht von ihm, sondern von Gott."

„Von Gott? Wie sollte das denn gehen? Ist der zu ihr gekommen? Aus dem Himmel?" Karlchen wunderte sich noch mehr.

„Der Engel des Herrn brachte Maria die Botschaft, das hat jedenfalls der Pastor gesagt." Mariechen sah die Mutter fragend an und suchte nach Bestätigung.

„So steht es geschrieben. Siehst du, das war ein Wunder. Denn Maria empfing ihr Kind durch den Geist des Herrn, weil es Gottes Wille war." Die Mutter bemühte sich, die Kinder zu überzeugen, obwohl die Biologie etwas anderes meinte. Der Glaube war durch wissenschaftliche Tatsachen nicht zu belegen oder zu erklären.

„Gottes Wille? Warum wollte er denn, dass Maria einen Sohn zur Welt bringt?" fragte Karlchen interessiert.

„Die Menschen haben viel falsch gemacht und Schuld auf sich geladen. Gott wollte das gutmachen, indem er seinen Sohn schickte, damit wir Menschen verstehen, dass er der Schöpfer der Welt ist und die Liebe alles ist, was wir haben", erklärte die Mutter weiter.

„Du meinst, er wollte den Menschen erklären, was richtig und falsch ist?" fragte Karlchen erstaunt.

„Gott hat uns die zehn Gebote auf den Weg gegeben. Die kennt ihr doch. Wenn wir dagegen verstoßen, tun wir Unrecht. Aber Gott wollte, dass wir nicht in der Schuld versinken, wenn wir etwas Böses gemacht haben. Er wollte uns damit zeigen, dass er uns verzeiht", holte die Mutter aus.

„Wir können also etwas falsch machen und werden nicht bestraft?", überlegte Mariechen.

„Wenn wir es bereuen und versuchen, es wieder gut zu machen, dann wird uns auch vergeben."

„Gott sei Dank. Mama, wir müssen dir etwas beichten. Wir haben ganz viele Kekse aus der Dose genascht. Wir wollten es wirklich nicht tun, aber sie haben uns so angelacht, dass wir nicht widerstehen konnten", versuchte Mariechen zu erklären.

„Dann ist euch verziehen. Wisst ihr, weil ich weiß, dass manchmal die Versuchung so groß ist, backe ich immer mehr Plätzchen im Advent und fülle den Vorrat immer wieder auf, damit an Heilig Abend noch welche da sind."

Mariechen und Karlchen schauten sich erleichtert und zugleich ein wenig enttäuscht an. „Und wir dachten, Gott hätte uns zugehört und das Wunder der Keksvermehrung geschickt."

OCHS LUDWIG IST TRAURIG

Es war der erste Weihnachtsmarkt nach der Pandemie, als in Saarlouis der Bläserchor Tochter Zion in den Himmel trompetete, ein Befreiungsschlag gegen Isolation, Maskenpflicht und Vereinsamung. Die Kinder tobten ausgelassen auf dem Eisparcours, quietschen sich die Freude von der Seele und sammelten sich anschließend vor den Rostwurstständen und Pommes-Frites-Ausgaben. Die Eltern unterdessen süffelten einen Punsch nach dem anderen.

Ochs Ludwig wunderte sich über die Ausgelassenheit. Auch die sonst so andächtigen Weihnachtsmarktbesucher hatten zu tief in die Glühweinbecher gesehen, dachte er. Hoffentlich kamen sie wieder wohlbehalten zu Hause an. Er jedenfalls kam seiner Aufgabe nach und fuhr seine vorgesehene Route ab. Sein Bauer hatte in diesem Jahr nur eine einzige kleine Flasche Pflaumenschnaps dabei. Es war auch nicht so kalt. Vielleicht eine Auswirkung des Klimawandels oder nur eine meteorologische Erscheinung. Jedenfalls war der Dezember nicht so frostig wie in den letzten Jahren.

Während sich der Bauer am Geschirr zu schaffen machte, irgendetwas war nicht richtig festgezurrt, sammelte sich eine Kinderschar um Ochs Ludwig. „Kuck mal, der Ochse hat ganz traurige Augen", sagte Jürgen, „der hat auch genug von der Pandemie."

„Stimmt. Im letzten Jahr war er noch fröhlich. Meine Mama hat mir erzählt, dass er mit ganz vielen Tieren am Gottesdienst teilgenommen hat. Die Tiere sollen auch mitgesungen haben", erzählte Marianne.

„Du bindest uns einen Bären auf. Die Tiere singen doch nicht, schon gar nicht so ein Ochse. Der schnauft und scharrt doch nur", bestritt Hans.

„Ich sage die Wahrheit. Das hat mir meine Mama erzählt und die lügt nicht", beharrte Marianne auf den Aussagen der Mutter.

„Wer weiß, was man sich in der Stadt wieder erzählt hat. Über den Ochsen in Saarlouis gibt es jedes Jahr neue Geschichten. Die stehen sogar in der Zeitung und auf Facebook", versuchte Melanie den Streit zu schlichten.

„Fragen wir doch den Kutscher. Der weiß bestimmt, was da los war", warf Jürgen ein. Er ging zu Bauer Lonsdorfer, der Ochs Ludwig über den Rücken strich. „Herr Kutscher, ist ihr Ochse im letzten Jahr beim Gottesdienst auf dem Großen Markt gewesen mit einer großen Tierschar und haben die dort mitgesungen?"

Bauer Lonsdorfer sah auf und brummelte: „Ja merkwürdig war das schon. Wisst ihr, an der Krippe tummelten sich mit einem Mal Vögel, Hunde, Katzen und ein lebender Ochse. Das ist wahr. Die machten sich nach dem Weihnachtsevangelium sogar stimmlich bemerkbar, fast wie ein Tierchor. Ob aber mein Ochse Ludwig dabei war, kann ich nicht sagen. Er war im Stall, als wir vom Gottesdienst zurückkamen. Ich kann mir nicht vorstellen, dass er allein in die Stadt getrabt ist."

Ochs Ludwig rüttelte sich. So wenig traute ihm sein Lohnherr zu, ihm, der es sogar geschafft hatte, an Heilig Morgen für Ruhe in der Saarlouiser Innenstadt zu sorgen, und zwar noch bevor die Stadtväter endlich Ordnungsmaßnahmen ergriffen hatten.

„Seht ihr, Mama hat nicht gelogen", sagte Marianne.

„Ist ja schon gut", entschuldigte sich Hans für seine voreiligen Schlüsse.

„Aber warum ist ihr Ochse nur so traurig?", wollte Jürgen wissen.

„Ach, ich weiß nicht. Er liebt Weihnachten, müsst ihr wissen. Vor zwei Jahren hatte ich ihn wie einen Weihnachtsbaum geschmückt. Aber die Leute waren so unvorsichtig und haben die Wunderkerzen angezündet. Deshalb hab ich ihn dieses Jahr nicht geschmückt." Die Kinder machten große Augen und konnten das nicht glauben.

„Jetzt wollen sie uns aber auf den Arm nehmen. Ein Ochse ist doch kein Weihnachtsbaum", rief Hans und lachte laut.

„Nein, nein, es ist wahr. Wisst ihr, ich war nicht ganz unschuldig daran. Weil es kalt war, habe ich mit meinem Kumpel zu viel Pflaumenschnaps getrunken. Wir waren so angeheitert, dass wir das Lied *Oh du Fröhliche* sangen. Die Leute um uns herum feuerten uns auch noch an. Als wir eine Zigarre rauchen wollten, hielt ein Passant uns ein Feuerzeug hin. Leider so nah, dass sich die Wunderkerzen entzündeten. Mein armer Ludwig, er hätte sich Verbrennungen zuziehen können durch meine Unvorsichtigkeit. Deshalb ist er dieses Jahr nicht geschmückt." Dabei klopfte er Ochs Ludwig fürsorglich den Rumpf. „Gel Ludwig, das verstehst du doch."

Als ob der Ochse tatsächlich verstanden hätte, was sein Bauer da erzählte, hob er mit einem Mal den Kopf und schüttelte ihn, als ob er nein sagen wollte, sah zu den Kindern, schnaufte und stampfte auf den Boden. Er war traurig. Was diese Menschen sich eigentlich dachten! Er brachte allen Freude und Spaß, aber wie ihm zu Mute war, interessierte keinen. Dabei hatte er es geliebt, wie ein

Weihnachtsbaum zu sprühen. Schade, dass sein Bauer aus Übervorsichtigkeit ihn dieses Jahr nicht geschmückt hatte.

„Ja, ja, Ludwig, du bist doch mein bestes Zugpferd, da kann ich nicht riskieren, dass dir etwas zustößt", versuchte sein Bauer ihn zu beruhigen.

Ochs Ludwig war es aber leid, dass ihn niemand verstehen wollte und auch seine guten Taten nicht anerkannten. Er schnaufte noch einmal, scharrte mit den Vorderfüßen und bockte so heftig wie ein Stier in der Arena.

„Aber Ludwig, was ist denn los? Du machst ja den Kindern Angst." Bauer Lonsdorfer war besorgt. So aufgeregt hatte sich sein bestes Zugtier schon lange nicht mehr verhalten. Er griff nach den Zügeln, weil er befürchtete, er könnte ausbrechen.

„Ruhig, Ludwig, ruhig. Es ist alles gut. Sobald wir im Stall sind, bekommst du deine Girlanden umgehängt. Versprochen."

Die Kinder waren auf einmal verschwunden und Bauer Lonsdorfer atmete auf. Hoffentlich hatte dies niemand mitbekommen, sonst würde er am Ende noch seine Lizenz verlieren. Unterdessen kamen andere Weihnachtsmarktbesucher, die mit der Kutsche fahren wollten und Bauer Lonsdorfer und sein Zugtier setzten sich wie gewohnt in Gang. Als sie zum Standplatz zurückkamen, standen die Kinder wieder dort.

„Lieber Ochse, weil du so gerne Weihnachten feierst, haben wir dir etwas mitgebracht. Wir schenken dir ein Lebkuchenherz. Das kann nicht brennen und wenn du wieder im Stall bist, kannst du es fressen", sagte Marianne voller Stolz und gab das Lebkuchenherz Bauer Lonsdorfer. Ochs Ludwig nickte mit dem Kopf, als ob er verstanden hätte und blies die Nüstern auf. „Jetzt brauchst du nicht mehr traurig sein."

„Na sowas, das ist aber lieb von euch, wo sich doch sonst niemand bei Ludwig bedankt", staunte der Bauer und hängte Ochs Ludwig das Herz um den Kopf. Ochs Ludwig platzte vor Stolz und seine dunklen Augen glänzten.

„Weil ihr so lieb seid, dürft ihr eine Runde kostenlos mit der Kutsche fahren. Habt ihr Lust dazu?"

„Au ja, das wird ein Spaß", riefen alle durcheinander und kletterten in das Gefährt.

„So, mein lieber Ludwig", sagte Bauer Lonsdorfer und strich ihm um das Maul, „jetzt kannst du zeigen, dass du ein außergewöhnlich guter Ochse bist."

Ochs Ludwig legte los und trabte stolzen Schrittes durch das Gemenge der Besucher. Er freute sich, dass es doch noch Menschen gab, die seine Arbeit wertschätzten, ganz besonders, weil es Kinder waren.

SELIG SIND, DIE FRIEDEN STIFTEN

Der erste Weihnachtsmarktbesuch nach der Pandemie, ohne Kontrolle der Impfnachweise, ohne Abstandsregeln, Maskenpflicht und besondere Hygienevorschriften. Wie sich das wohl anfühlen würde, nach den letzten zwei Jahren. Würde mir das Menschenaufkommen suspekt erscheinen? Vielleicht wäre es mir sogar unangenehm, wieder so dicht beieinander zu stehen. Meine Vorsicht konnte ich nicht so einfach ablegen, dachte ich. Schließlich hatten wir uns bis ins Detail an die Vorgaben gehalten. Selbst an Weihnachten blieben wir im ersten Jahr allein, keine Kinder, keine Verwandten und Bekannten. Vorletztes Jahr feierten wir vorschriftsmäßig mit fünf Personen. Und dann die Widerrufung sämtlicher Verhaltensregeln. Ob tatsächlich viel Betrieb war?

Die Parkplätze waren wie vorher gut belegt, leider. Auch der Kaiser-Friedrich-Ring war voll besetzt. Also parkten wir drei Straßen vom Kleinen Markt entfernt. Ziemlich weit weg, dort, wo ich im Herbst zur Vorsorgeuntersuchung war und acht Tage lang unruhig auf das Ergebnis wartete. Wir stiegen aus und machten uns auf Schusters Rappen auf den Weg zum Saarlouiser Christkindlmarkt.

Die Lichtdekoration der Straßen erweckte den Eindruck, als sei es vorher nie anders gewesen. Die Stadt hatte sich große Mühe gegeben, die angrenzenden Straßen und den Christkindlmarkt in festlichem Glanz erscheinen zu lassen. Und tatsächlich kam es mir vor, als hätte es die andere Zeit nie gegeben.

Konnte man so schnell vergessen? War plötzlich alles ausgelöscht oder funktionierte die Umgebung wie ein Trigger im positiven Sinn? Vielleicht war es auch nur die Sehnsucht nach Normalität, das Zurückgewinnen des gesellschaftlichen Lebens. Ich hakte mich bei Gregor ein und wir marschierten auf den hell erleuchteten Marktplatz.

Die Buden lockten mit Kristallfiguren, filigranen Vasen, Kerzenständern, kunstvoll handgefertigten Kerzen, Adventsgestecke, Edelsteingebilden und anderen Schätzen neben der Massenware und allerlei Tand. Auf der Kartoffelhütte thronte wieder der übergroße Schneemann und versprach Wohlfühlatmosphäre mit heißen und kalten Getränken und dem saarländischen Dippelappes. Unter den Schwaden der Wohlgerüche von Weihnachtsapfel, gebrannten Mandeln, gerösteten Kastanien, gebackenem Fisch, Schwenkern und Rostwürstchen streiften wir zwischen den Buden durch die Gassen und bewunderten die Auslagen. Die Zahl der Stände hatte sich augenscheinlich etwas verringert, hatte ich den Eindruck. Die Eislauffläche war nun der zentrale Mittelpunkt. Und wieder verbreiteten Lautsprecher traditionelle Weihnachtslieder.

Schließlich suchten wir die Stehtische, die in der Nähe eines Heizstrahlers standen. Denn kalt war es sehr wohl, auch wenn es keinen Schnee hatte. Der Trigger funktionierte hier nur bedingt, jedenfalls soweit es die Kleidung betraf. Die großen Bekleidungshäuser hatten noch geöffnet und boten allerlei Wintermäßiges. Viele schlenderten hin, kleine Pilgerzüge des Konsums, gekauft wurde dennoch nicht sehr viel.

Dafür gab es Life-Musik. Zwei Frauenstimmen beschallten die Umgebung mit Weihnachtsliedern. *„Let it snow"* sang die eine und ich reihte mich ins Publikum direkt vor der Bühne ein. Musik kam vom Band, der Gesang war life. Die alten Filme liefen vor meinem inneren Auge ab, eine schöne Erinnerung, die Wehmütigkeit hervorrief.

Sie wurde jäh unterbrochen. Eine Ansammlung von Menschen nahte heran, Trommeln unterbrachen die Weihnachtsstimmung, Mitläufer schwenkten Fahnen, es drohte ein wahrer Aufmarsch. Ich ging zu Gregor zurück an den Stehtisch.

„Wer hat dies wohl genehmigt? War das eine politische Demonstration oder etwa ein Verband oder Verein?", fragte ich Gregor.

„Keine Ahnung. Es interessiert anscheinend niemand. Keiner bleibt deswegen stehen", erklärte er.

Das große Getöse war nach einigen Minuten schon vorbei, verstehen konnte man nichts. Die Aufschriften auf den Transparenten waren aus der Ferne nicht zu entziffern. Ich schlürfte meinen Glühwein, wärmte meine Hände an der Keramiktasse und entspannte mich wieder.

Es dauerte nicht lange, da marschierte der Zug auf der anderen Seite des Weihnachtsmarktes vorbei. Die Menge skandierte lauthals Sprüche, Mitläufer hielten die Transparente hoch und schwenkten Fahnen.

Ich erinnerte mich plötzlich an die Kurdendemonstration in Saarbrücken. Fünfundzwanzig Jahre lag das bereits zurück, doch meine Angst kam wieder. Damals lief ich nämlich über die Bahnhofstraße, nichts ahnend, was sogleich losbrechen sollte. Auf das politische Tagesgeschehen hatte ich noch keinen Blick geworfen. Eine breite Menschenmasse kam plötzlich auf mich zu. Rote Fahnen wurden geschwenkt und lauthals in türkischer Sprache sich ständig wiederholende Worte gerufen. Die Aggression, die dieser Tonfall verkündete, schlug mir damals direkt auf die Seele. Rechts und links versuchten Polizisten, Randalierer an ihrem Tun zu hindern. Manche rissen sich los und liefen in die Kaufhäuser, die Ordnungshüter hinterher. Eine türkische Revolution, dachte ich damals, mitten in der friedlichen Landeshauptstadt Saarbrücken. Ich brachte mich in Sicherheit, floh auf das Parkdeck in mein Auto, um nicht in ein Getümmel zu geraten. Ein unheimliches Gefühl, so ohnmächtig zu sein.

Anscheinend war diese Weihnachtsmarkt-Demonstration auch ein Trigger, eine unerfreuliche Situation, erst recht nach der Pandemie. Ich ärgerte mich über diese Störung und sagte zu Gregor: „Ich geh mal dahin. Ich will wissen, wer den Christkindlmarkt stört." Bis ich jedoch an der anderen Marktseite ankam, war der Zug bereits weitermarschiert. Ich konnte nicht herausfinden, welche Interessensgruppe dies war.

„Wissen Sie, was die wollen?", fragte ich eine ebenso überraschte und staunende Saarländerin.

„Nein, dass so etwas erlaubt ist", sagte diese. „Man sollte das Rathaus informieren. Womöglich wissen die gar nichts davon." Ich kehrte wieder zu Gregor zurück.

Die weihnachtliche Stimmung war unterbrochen. Eine Grundsatzdiskussion über das Recht zur öffentlichen Meinungskundgebung wollten wir nicht führen. Schließlich war das vor uns liegende Weihnachtsfest ebenfalls eine Art Demonstration. Vor über zweitausend Jahren kam ein Kind zur Welt, das sich als Erwachsener öffentlich gegen die herrschende Ordnung auflehnte. Jesus von Nazareth forderte die Römer und die herrschende Klasse durch Wort und Tat heraus: er verkündete das nahende Reich Gottes, predigte die Gebote durch erzählende Gleichnisse, hielt Lehrreden und heilte durch Wunder. Er sagte, er sei der „Sohn des Hochgelobten (MK 14,61-62), der Sohn Gottes und der König der Juden. Nächstenliebe, Gottesfurcht und Gewaltfreiheit waren die zentralen Botschaften seines Wirkens. Vielleicht sollte man den Demonstranten auch mit Wohlwollen gegenübertreten und nicht als Feinde betrachten. Vielleicht hätte ich sogar verstehen können, weshalb sie gerade auf dem Weihnachtsmarkt demonstrierten, wenn ich den Grund dafür herausgefunden hätte. Wie lehrte Jesus in der Bergpredigt: *„Selig sind, die Frieden stiften; denn sie werden Gottes Kinder heißen."* (Kap. 5, 9)

MARONI FÜRS HERZ

Frau Hollischek war gerade dabei, das Weihnachtsmenue zu kreieren, als es an der Tür klopfte. „Ja, ja, I komm scho." Sie ging zur Tür und öffnete.

Ein älterer Herr hielt einen Korb voller Maronen hoch und sagte: „Gute Frau, I hob wos Leckres zum Fest. Schauns her, das sind die besten Maronen, die ich heuer geerntet hab. Es sind so viele, dass ich sie direkt anbiete, damit sie net verkommen."

Frau Hollischek staunte. „Jö, Maroni. Do müsst I das Festmenue umstellen."

Der Maronibauer stellte den Korb ab. „Machens doch Maroniknödel zur Gans mit Apfelrotkohl." Frau Hollischek überlegte: „Hm, Maroniknödel. Da müsst I erst an Rezept suchen."

„Ach, dös is gonz einfach. Erdäpfel kochen, pressen, verkneten mit Mehl, Goldgries, Eidotter, Butter, Maisstärke, a bisserl Muskatnuss und Salz. Dann passieren Sie das Maronimark durch ein Sieb, verrühren es mit Rum, Staub- und Vanillezucker und stellen es kalt. Dann rollens den Teig aus, stechens Scheiben aus, formens aus der Maronimasse Kugerln und setzen die auf die Teigscheiben drauf. Jetzt brauchens nur noch große Kugel formen und im Salzwasser ziehen lassen."

„Da läuft einem ja das Wasser im Mund zusammen. Jö, das is a schöne Sach. Gut I kauf a Schüssel voll. Wartens bittschön, I hol sie." Frau Hollischek wollte sich schon umdrehen und ins Haus gehen.

„Wartens", rief der Verkäufer, „do, nehmans den ganzen Korb. Sie kriagn ihn auch für zehn Euro."

Frau Hollischek staunte: „So wos, jo guat. Dös moch ma." Sie ging ins Haus, nahm die Geldbörse und einen Korb. Der Maronibauer schüttete sie um, sie gab ihm den verlangten Preis und bedankte sich.

„Bittschön, ihr Göld. Und vielen Dank für das Sonderangebot und das Rezept."

Sie überreichte ihm den Geldschein. „Dann wünsch ich ihnen frohe Christtage und ein schönes Fest."

„Das wünsch ich ihnen auch. Frohe Weihnachten."

Herr Hollischek kam von der Arbeit nach Hause. Er zog die Stiefel von den Füßen, hängte seinen Mantel auf und ging in die Küche. Auf dem Tisch stapelten sich die Schalen der Edelkastanien.

„Jo, wos is denn dös?", fragte der Fiaker erstaunt.

„Na, du, heut war a Händler an der Tür. Der hott mir doch tatsächlich an ganzen Korb Maroni für zehn Euro verkauft", verkündete Frau Hollischek stolz.

„So, so. Wos mochst denn mit den ganzen Maroni. Willst beim Ottakringer Weihnachtszauber mitmachen?"

Frau Hollischek lachte: „Dös is gar keine schlechte Idee. Donn könnt I was dazu verdienen."

„Wieso das, die Ehefrau eines Fiakers muss ka Göld verdienen. Reicht das Haushaltsgöld net aus?", grantelte Herr Hollischek.

„Wenns so frogst, a bisserl mehr wär net scho schlecht."

„A bisserl mehr? Reichts Toschengöld net, dassd noch wos dazu verdienen willst? Du weißt, I bin ka Göldspucker", erklärte Herr Hollischek.

„Na, dös woarst noch nie. Wenns ums Göld geht, host ka Herz mehr. Do konn I noch so oft in Kirchn rennen und für di beten."

Herr Hollischek war irritiert. „Wie, du betest für mi in da Kirchn?"

„Ja, I will doch, dassd in Himmel kommst."

„Warum soll I net in Himmel kommen. I bin a treuer Staatsbürger, zahl meine Steuer und dir a Haushaltsgöld und Toschengöld."

Frau Hollischek grinste. „Jo scho. Aber olls ist knapp bemessen. Gegen di is a Geizhals a Musterschüler."

Herr Hollischek war gekränkt. „Wos, I a Geizhals? I? Host noch imma olls kriagt, wos brauchst. Oder net?"

„Jo scho. I muss nur immer nochfrogn, wanns net reicht. Du host vergessen, dass olls teurer gworden is. Do is es scho a Wunder, dass I für zehn Euro soviel Maroni kriag hob. Vielleicht war dös jo da Krampus als Bauer verkleidet. Wenigstens reichts auch noch für an Kuchen, wo's Mehl doch auch teurer gworden is."

„Du redst, als ob I net für uns sorgen tät. Wos fehlt dir denn?"

„Wenns scho frogst, I brauch neue Stiefel fürn Winter und a neue Handtoschn wär auch net schlecht", erwiderte die Ehefrau.

„Reichts Toschengöld net. Wos mochst dann mit dem ganzen Göld?", krittelte Herr Hollischek.

„Dös Toschengöld geb i für den Haushalt aus. Olls is doch teurer gworden, oder host dös net mitkriagt."

Herr Hollischek bekam ein schlechtes Gewissen. „Jo warum sogst dann dös net. I bin doch ka Unmensch."

„Fiaker verdienen net so gut, host neulich gsogt. I will di doch net aussaugen. Da opfere ich holt dös Toschengöld."

„Dös brauchst wirklich net. An Fiaker kann seine Familie gut versorgen." Herr Hollischek kramte in seinem Schrank und nahm eine Mappe heraus. „So, do host noch an Hunderter." Er legte den Geldschein auf den Tisch.

„Wos, an Hunderter. Wenn I nachdenk, hob I schon die letzten drei Monate dös Toschengeld in den Haushalt gesteckt," rügte Frau Hollischek den Ehegatten.

„Wie drei Monate? Dös wären ja..." Die Ehefrau fiel ihm ins Wort. „Genau. Aber wenns fürs Erste die Stiefel und a neue Toschen zahlst, reicht a Erhöhung um monatlich zweihundert Euro aus."

Herr Hollischek war verunsichert. „Jo wos kost denn dös alles?"

Frau Hollischek lächelte. „Am besten, du gibst mit die Kreditkartn, dann konn I einkaufen gehen und du gibst mir ab jetzt zweihundert Euro mehr im Monat."

Der Gatte nahm schweren Herzens die Kreditkarte aus dem Geldbeutel. „Gib aber net zu viel aus, sonst is fürs Weihnachtsessen nix mehr übrig."

„Na, dafür hob I doch schon gsorgt. Es gibt Gans, Apfelrotkohl und Maroniknödel. Und zum Kaffee a Maronigugelhupf", versprach Frau Hollischek.

„Jo host dann überhaupt an Rezept für die Knödel?", grantelte Herr Hollischek nun wieder.

„Wos glaubst, weshalb der Krampusbauer geklopft hot?"

„Was weiß I. Vielleicht um a Weaner Hausfrau zu verwirren mit seinen Edelkastanien."

„Oder um an Weaner Fiaker darin zu erinnern, dass an Weihnachten a guats Herz das Wichtigste ist."

Jetzt fühlte sich Herr Hollischek äußerst unwohl. Er kramte in seiner Mappe und nahm weitere Geldscheine heraus. „Do host noch dreihundert extra. Konnst dir noch was für Weihnachten aussuchen. Für meine Frau ist mir nix zu teuer." Herr Hollischek legte das Geld und die Kreditkarte auf den Tisch.

„Hob I doch gwusst, dass du a guats Herz host. Schließlich bist a Weaner Fiaker und die haben olle a guats Herz", lobte Frau Hollischek und küsste den Gatten.

DIE FEDER

Engel hatten normalerweise, so glaubte man jedenfalls, lange blonde Haare. Sie schwebten mit ihren Flügeln hinunter auf die Erde und beschützten die Menschen. Schutzengel sorgten sich Tag und Nacht um sie, erzählte der Lehrer im Unterricht.

Die Schüler staunten, einige konnten das jedoch nicht glauben oder sich gar vorstellen, dass es Engel überhaupt gab. Niemand hatte bisher gesehen, wie sie vom Himmel herab auf die Erde sausten.

Julius sah auf die Uhr. Hoffentlich war die Stunde bald vorbei. Er war einer der Ungläubigen. Für ihn existierten nur jene Dinge, die er sehen, hören, riechen, schmecken oder fühlen konnte. Alles andere war Mumpitz für ihn.

Obwohl er mit seinen Eltern im Tal wohnte, half Julius hin und wieder seinem Großvater in der Holzwirtschaft. Auf der Alp war Brennholz noch immer das wichtigste Heizmaterial. Trotz des technischen Fortschritts transportierte sein Großvater traditionsgemäß die Stämme und Holzscheite auf dem Hornschlitten ins Tal. Wenn es frisch geschneit hatte, war die beste Zeit dazu. Es war nicht ungefährlich.

Die Bewirtschaftung der Wälder war heutzutage eine Aufgabe der Forstwirtschaft, weshalb der Ziehweg für Hornschlitten nicht mehr regelmäßig kontrolliert wurde. Wie oft schon hatte er seinen Großvater vor dem Abtransport beten hören. Der Urgroßvater hatte noch als Holzknecht mit dem Beil gearbeitet. Heute fällte der Großvater das Holz mit der Motorsäge. Julius konnte sie bereits bedienen, sein Opa hatte es ihm beigebracht. Wenn sich der Großvater unwohl fühlte oder ihm die Kraft fehlte, fällte er sogar die Bäume unter seiner Anweisung allein. Seine Mutter hatte es ihm zwar verboten, aber er konnte den Großvater nicht im Stich lassen.

Es war Dezember, als sie den großen Tannenbaum kurz vor Weihnachten von der Alp ins Tal schaffen wollten. Die Mutter hatte das Nadelgehölz für das Weihnachtsfest selbst im Wald ausgesucht. Auch das war eine Familientradition.

„So, Bub", brummte der Großvater, „hast du alles gut festgezurrt? Du weißt, wenn sich der Baum löst, kann es schwierig werden. Aber bis heute hatte ich immer einen Schutzengel dabei."

Schon wieder. Warum die Leute nur an Schutzengel glaubten? Julius verzog das Gesicht und kontrollierte noch einmal die Gurte. „Alles klar. Wir können losfahren."

Julius setzte sich in den Nachläufer und schlang die Hände um die Seile. Im dichten Schnee ließ sich das Gefährt problemlos steuern. Sie waren fast im Tal angekommen, als sie über einen spitz aufragenden Stein holperten und der Schlitten ins Schlingern geriet. Der Tannenbaum hatte sich durch das Holpern etwas gelöst. Er konnte augenscheinlich nach vorne schießen und den Großvater aus dem Schlitten stoßen.

„Halt dich fest, Bub. Wenn's rutscht, springst einfach ab", rief der Großvater besorgt nach hinten.

„I halt das Seil fest, damit der Baum hält", schrie Julius. Das Holpern war sehr laut.

„Nix, sog I, lass los. Das ist zu gefährlich", schrie der Ältere zurück. Julius verstand ihn aber nicht und klammerte seine Hände noch fester um das Seil, um mit all seiner

Kraft den Baum in der Befestigung zu halten. Doch der Druck war zu stark. Als das Seil seinen Händen fast entglitt, wurde es mit einem Mal plötzlich ganz leicht. Irgend etwas half ihm, die Spannung zu halten. Er spürte einen Luftzug und ein Kitzeln in der Nase. Was war das nur?

Dann hatten sie es tatsächlich geschafft. Der Schlitten kam zum Stehen und der Baum hielt noch immer. Der Großvater stieg aus, sah die Seile und den Krampf der Hände seines Enkels. Er half Julius behutsam, ihn zu lösen.

„Mein Gott, Julius, wie hast du das nur geschafft?" Er schüttelte ungläubig den Kopf. „So was, so was aber auch."

„I weiß net", sagte Julius entkräftet, „etwas hat mir geholfen." Wieder spürte er den Luftzug und das Kitzeln, jetzt auf der Wange. Er strich sich über das Gesicht und hielt plötzlich eine weiße Feder in der Hand.

„Wo kommt denn die Feder her? Hier ist doch weit und breit kein Singvogel mehr", rätselte Julius.

„Ja weißt, Julius, es gibt eben mehr zwischen Himmel und Erde, als wir ahnen", erklärte der Großvater.

„Dann war das tatsächlich ein Schutzengel Großvater? Es gibt sie wirklich?" Julius kam aus dem Wundern nicht mehr heraus.

Der Großvater nickte. „I glaub, I hab schon öfter Gesellschaft von ihnen ghabt. Nur eine Feder hat mir noch kein Engel hinterlassen."

NÜRNBERGER LEBKUCHEN

Am Samstag vor dem dritten Advent betrat ein Kunde eine Nürnberger Bäckerei. Er wollte gerne Nürnberger Lebkuchen kaufen. Die Verkäuferin begrüßte den Kunden: „Grüß Gott. Wie kann ich ihnen helfen?"

Der Kunde sah sich die Auslagen an und sagte wohlgelaunt: „Grüß Gott, ich hätte gerne ein paar Nürnberger."

„Tut mir leid, Würstchen führen wir hier nicht", bedauerte die Verkäuferin.

„Würstchen? Wer will Würstchen kaufen?"

„Ja, sie haben doch danach gefragt."

„Richtig, ich möchte gerne ein paar Nürnberger," wiederholte der Kunde seinen Wunsch.

„Sie sind hier aber nicht beim Autorennen."

„Wie Autorennen? Wie kommen sie denn darauf?" fragte er erstaunt.

„Na Nürburgring, da gibt es die Nürnberger."

„Liebe Dame, der Nürburgring befindet sich in der Pfalz, genauer gesagt in der Eifel. Wir sind aber in Franken," erklärte der Kunde in der Hoffnung, dass die Verkäuferin ihn endlich verstand.

Die begann jedoch, sich aufzuregen: „Das weiß ich doch, dass wir in Franken sind. Sie befinden sich schließlich in einer Nürnberger Bäckerei."

„Dann müssten sie doch auch Nürnberger haben oder sind die etwa in die Pfalz ausgewandert."

„Wenn schon, dann in die Kurpfalz. Die gehörte im 18. Jahrhundert auch zu Bayern."

„Wie, die Wittelsbacher stammen doch aus München." Der Kunde war verwundert.

„Die Wittelsbacher haben halb Europa beherrscht. Karl Albrecht von Bayern war König von Böhmen und wurde 1742 zum Kaiser des Heiligen Römischen Reiches gewählt."

„Haben sie deshalb die Vanillekipferl im Sonderangebot?" fragt der Kunde unter dem Eindruck der unerwarteten Geschichtsstunde höflich.

„Vanillekipferl gibt es in ganz Europa, sie sind ein traditionelles Weihnachtsgebäck."

„Das sind die Nürnberger doch auch."

„Aber nicht bei uns", versicherte die Verkäuferin.

„Ja was sind sie denn für eine Bäckerei, wenn sie in Franken keine Nürnberger im Angebot haben?" Der Kunde fühlte sich in eine andere Zeit versetzt.

„Wir haben schon im 18. Jahrhundert kleine Kaiserlein gebacken. Zu Ehren Maximilians II. stand Heil unserem König drauf."

„Ich wusste nicht, dass man sich einen König backen kann", warf der Kunde ein.

„Kann man auch nicht, heute werden die Volksvertreter gewählt." Die Verkäuferin fühlte sich auf den Arm genommen.

Der Kunde war über die Belehrungen ein wenig verärgert. So etwas hatte er nicht nötig, schon gar nicht von einer Verkäuferin. „Haben Sie unter dem Nürnberger Trichter gelegen?"

„Das brauche ich nicht. Ich habe schließlich die Schule besucht. Aber sie könnten vom Nürnberger Trichter sicher profitieren. Dann wüssten sie nämlich, dass in einer Bäckerei keine Würstchen verkauft werden", entgegnete die Verkäuferin erbost.

„Würstchen, wer spricht hier von Würstchen?"

„Sie wollen doch Nürnberger Würstchen kaufen", echauffierte sich die Verkäuferin.

„Bestimmt nicht. Aber sie sind mir anscheinend ein Würstchen. Erzählen mir, dass sie keine Nürnberger haben und dahinten steht das ganze Regal voll damit?"

„Dahinten stehen unsere traditionellen Lebkuchen. Heil unserem König steht heute allerdings nicht mehr drauf." Die Verkäuferin bemühte sich um Sachlichkeit.

Der Kunde schüttelte den Kopf. Wo war er nur hier gelandet? „Gut, dann nehme ich halt die Lebkuchen aus dem Regal, wenn sie keine Original Nürnberger Lebkuchen haben."

„Von was rede ich denn die ganze Zeit. Die kleinen Kaiserlein waren die ersten Nürnberger Lebkuchen, die überhaupt jemals gebacken wurden. Wir haben auch Elisenlebkuchen, genannt nach der Tochter des ersten Lebkuchenbäckers in Nürnberg", brauste die Verkäuferin auf.

„Hoffentlich sind ihre Lebkuchen frisch und nicht auch aus dem 18. Jahrhundert", mäkelte der Kunde.

„Sie sind alt genug, um zwischen Würstchen und Gebäck zu unterscheiden und frisch genug, um weich zu sein", erklärte die Verkäuferin aufgeregt.

„Kein Wunder, dass in Nürnberg Rauschgoldengel über den Christkindlmarkt fliegen", entwich es dem Kunden unvermittelt.

„Wie bitte? Das gehört auch zu unserer Tradition." Jetzt wurde die Verkäuferin zornig.

„Ja, scheinbar viel Gold, aber nur Blech dahinter", witzelte der Kunde. Das war der Verkäuferin zu viel, Advent hin, Advent her. Was erlaubte sich dieser Mann.

„Und sie sollten als Rennfahrer auf dem Nürburgring fahren. Die machen auch viel Lärm um nichts."

WENN DIE FLOCKEN HIP-HOP TANZEN

„Ha", rief Karlchen, „sieh doch, die Flocken tanzen Hip-hop!" Mariechen lief ans Fenster und konnte dies nicht bestätigen.

„Ach was", widersprach Mariechen, „das ist doch nur der Wind, der sie hin und her bläst."

„Für mich sieht das aber anders aus", bestand Karlchen auf seiner Wahrnehmung.

„Du siehst ja immer alles anders", bestätigte Mariechen.

„Wie meinst du denn das?", fragte Karlchen.

„Wenn ich sage, die Eisportion ist groß, ist sie für dich klein. Wenn ich sage, ich habe kalt, hast du warm."

„Was kann ich dafür, dass du eine Prinzessin auf der Erbse bist. Wenn du kalt hast, zieh dich warm an und wenn dir das Eis zu viel ist, gib es doch mir. Ich liebe Eis", erklärte der kleine Bruder.

„Was, Prinzessin auf der Erbse? Dir zeig ich jetzt, wer eine Prinzessin ist", rief Mariechen erbost und stürzte sich auf den kleinen Bruder.

„Kinder", unterbrach die Mutter das Gerangel, „morgen kommt Oma und bringt Winteräpfel. Da müsst ihr helfen, sie zu schälen."

„Wie langweilig", entfuhr es beiden Kindern.

„Nanu, seid ihr mal einer Meinung. Das ist aber neu", stellte die Mutter fest. Mariechen und Karlchen sahen sich an und kicherten.

Der Schneefall wurde stärker, die Flocken größer und stöberten durch den Garten. „Aus dem Hip-hop ist Rock'n Roll geworden", lachte jetzt Karlchen.

„Sturmgebraus nenn ich das", meinte Mariechen, „aber das ist ja egal, wie man das nennt. An den Tatsachen ändert das gar nichts, es schneit!"

„Was habe ich doch für kluge Kinder", sagte die Mutter, die das Geschirr einräumte. „Die Dinge sind, wie sie sind. Aber wenn wir sie anders beschreiben, verändert sich auch unser Bild davon im Kopf. Unsere Sprache ist der Weg, auf dem die Bilder laufen lernen."

„Du meinst, wir haben im Kopf ein Kino?" fragte Mariechen nun erstaunt.

„Ja doch. Seht mal, wenn ich sage, die Wiese blüht, rieche ich schon den Blumenduft. Wenn ich frage, ob ihr aufgeräumt habt, dann ..?" Die Mutter sah die beiden an.

„Dann überlegen wir, ob alles in den Schränken ist", platzte es aus Karlchen heraus.

„Und wie macht ihr das, wenn ihr überlegt?"

„Ich sehe dann das Zimmer vor mir und weiß danach, ob ich alles weggeräumt habe", antwortete Mariechen.

„Aber manchmal erinnere ich mich nicht mehr ganz und beginne zu zweifeln", sagte Karlchen.

„Aha", sagte die Mutter, „eine Frage lässt euch nachdenken, im Kopf läuft ein Bild ab und manchmal ist es nicht vollständig. Seht ihr, wenn wir miteinander reden, reagieren wir, der eine so und der andere anders. Wir sind unterschiedlich, obwohl wir alle gleich sind. Jeder Mensch hat ein eigenes Empfinden."

„Du meinst, wenn ich kalt habe und Karlchen warm, ist das ganz normal?" fragte Mariechen erstaunt.

„Genau. Er will dich nicht ärgern, wenn er sagt, dass er warm hat. Er kann nur nicht verstehen, dass du kalt hast", erklärte die Mutter.

„Dann streiten wir ja völlig umsonst?" stutzte Karlchen.

„Wenn man etwas nicht versteht, sollte man einfach nachfragen. Dann klärt sich vieles von selbst auf. Wenn man nicht einer Meinung ist, kann man einen Mittelweg suchen oder jeder akzeptiert die Meinung des anderen und man tauscht die Gründe dafür aus. Dann entsteht eine Diskussion", sagte die Mutter.

„Wir sollen über Schneefall diskutieren?", fragte Karlchen.

„Zwischen Tanz und Sturm liegt der Wind. Er treibt die Flocken an. Wenn er aufhört, fällt der Schnee still und leise auf den Boden. Also, was schließt ihr daraus?"

„Hm", überlegte Karlchen.

„Ich weiß nicht so recht", dachte Mariechen laut, „wenn der Wind aufhört, bleibt der Schnee dort liegen, wo er hinfällt. Dann deckt der Schnee den Boden zu."

„Und was könnt ihr dann tun?", fragte die Mutter aufmunternd.

„Jetzt weiß ich es", rief Karlchen, „wir können einen Schneemann bauen."

„Da habt ihr eine Mohrrübe. Im Keller findet ihr Kohlen. Und jetzt los. Ich möchte nämlich sehen, wie groß ein Schneemann sein kann, der nach dem Sturm aus wild tanzenden Flocken gerollt wird."

RADELN FÜRS CHRISTKIND

Der Oberbürgermeister bat den persönlichen Referenten Herrn Meyer zum Gespräch, um sich über die Energiewende der Landeshauptstadt zu informieren. Er saß am Schreibtisch, ordnete die Akten und wählte.

„Der Meyer soll reinkommen." Herr Meyer kam kurze Zeit später mit einer Mappe ins Büro des Verwaltungschefs: „Guten Tag, Herr Oberbürgermeister."

„Guten Tag Herr Meyer. Bitte setzen sie sich doch. Haben wir unseren Fuhrpark mittlerweile auf Elektroautos umgestellt?"

Herr Meyer setzte sich hin und legte die Mappe auf den Tisch: „Herr Oberbürgermeister, die Aktion läuft noch. Die Limousinen sind bereits alle Hybridautos. Das Umstellen auf Elektromobilität dauert. Rom ist auch nicht an einem Tag erbaut worden."

„Was soll das heißen. Befinden wir uns in der Antike?" fragte der Vorgesetzte.

„Antik ist nur unsere Rathausfassade."

„Die steht unter Denkmalschutz. Wie sieht es mit der Weihnachtsbeleuchtung aus. Ist sie auf Solarenergie umgestellt?" bohrte der Oberbürgermeister nach.

„Ja schon. Aber da gibt es ein Problem."

Der Oberbürgermeister wurde etwas ungeduldig. "Heraus mit der Sprache. Was funktioniert nicht?"

Herr Meyer versuchte, zu erklären. „Die Sonne scheint im Dezember nicht genug. Das Christkind würde im Dunkeln über den Sankt Johanner Markt fliegen. Damit wäre das ganze Spektakel für die Katz."

Der Oberbürgermeister schüttelte den Kopf: „Dann verteilen wir Kerzen oder stellen Gaslampen auf."

Herr Meyer gab zu bedenken: „Die Kerzen wären teurer als der Strom der Weihnachtsbeleuchtung und vom Gaspreis will ich gar nicht erst reden."

„Hm, stimmt. Herr Meyer, wie wäre es, wenn wir einen Generator aufstellen, den man mit Muskelkraft aufladen kann?"

Herr Meyer stutzte: „Sie meinen, wie ein Fahrrad?"

„Genau. Früher hatte meine Mutter die Nähmaschine auch mit den Füßen betrieben."

„Soweit ich weiß, gibt es Pedalgeneratoren. Die funktionieren wie ein Heimtrainer. Wer strampelt aber vierundzwanzig Tage lang für die Landeshauptstadt?"

„Wir sollten die Kollegen fragen, ob sie sich auf diese Weise fit halten wollen. Das Radeln ist Gesundheitsförderung. Wir könnten das als neues Konzept für die betriebliche Gesundheitsförderung ausschreiben. Vielleicht gewinnen wir den saarländischen Präventionspreis", empfahl der Verwaltungschef.

Herr Meyer bezweifelte, ob dies umsetzbar wäre. „Warum sollte denn da einer mitmachen? Gibt es dafür einen Boni, etwa zwei Tage Urlaub mehr für einen Monat Radeln beim Christkindlmarkt?"

Dem möchte der Oberbürgermeister nicht zustimmen. „Dann müssten wir mehr Personal einstellen. Das geht nicht. Wie wäre es, wenn wir dafür die Benutzung des kleinen Dienstwagens anbieten würden. Zweimal radeln für zweimal Smart."

„Da werden sie aber Buch führen müssen zur Terminierung der Autobenutzung."

„Das macht doch die Verwaltung."

„Meinen Sie, dass die Kollegen zusätzliche Aufgaben übernehmen und das vor Weihnachten?"

„Das kann ich auch per Dienstanweisung regeln", meinte der Verwaltungschef.

„Ohne Personalrat wird das nicht gehen. Sie wissen doch, dass bereits mehrere Überlastungsanzeigen vorliegen", warf Herr Meyer ein.

Der Oberbürgermeister konnte dies nicht akzeptieren. „Überlastung, wenn ich das schon höre. Wer ist denn hier überlastet. Doch nur der Oberbürgermeister, weil der überall präsent sein muss."

„Apropos Präsenz. Sie müssten den Christkindlmarkt eröffnen. Wir starten wieder Montag vor dem ersten Adventssonntag."

„Da sehen sie's. Ich sollte auch mal eine Überlastungsanzeige schreiben", wetterte er.

„Oder Radeln für die Landeshauptstadt. Gehen Sie mit gutem Beispiel voran."

Der Oberbürgermeister überlegte. „Hm, sie meinen, ich sollte den Christkindlmarkt auf den Pedalen eröffnen?"

„Das wäre doch eine tolle Publicity. Der Oberbürgermeister als Sparochse der Landeshauptstadt."

Der Oberbürgermeister begann sich zu ärgern. „Wie bitte, Ochse?"

Herr Meyer relativierte: „Ich meinte Büchse, Sparbüchse. Smart für Smart, ich finde, das wäre ein toller Slogan."

„Wenn sie glauben, ich quetsche mich in das Smartauto, irren sie sich. Das Auto ist doch eine Konservenbüchse", ereiferte sich der Verwaltungschef.

„Kommt konservativ nicht von Konserve?" fragte der Referent spitzfindig.

„Herr Meyer, konservativ heißt, Traditionen bewahren und weitergeben, dem Altbewährten folgen", belehrte der Oberbürgermeister.

„Altbewährt, so wie die Antike. Dann würden sie ja auch unter Denkmalschutz stehen."

„So alt bin ich nun auch wieder nicht."

„So lange gewählt wurde auch noch keiner."

„Das weiß man nicht."

Herr Meyer bemühte einen Psalm, um ihn zu überzeugen: „Hiob schreibt: Ein unnützer Mann blähet sich; und ein geborener Mensch will sein wie ein junges Wild."

„Sehen sie, das hat auch Hiob schon gewusst: man ist so jung, wie man sich fühlt."

„Dann sind sie ja kräftig genug, um das Pedalo alleine zu betreiben. Das hätte auch den Vorteil, dass das Smart-Auto weiterhin dem Dienstbetrieb zur Verfügung steht und sie den Personalrat bei der Dienstanweisung nicht miteinbeziehen müssten."

Der Oberbürgermeister fragte nach: „Wie, jeden Tag bis Heiligabend?"

„Es steht auch geschrieben: Ein weiser Mann ist stark und ein vernünftiger Mann ist mächtig von Kräften."

Der Oberbürgermeister erwiderte: „Nur dass ich der Ochse bin, der jeden Abend den Karren ziehen soll."

„Das würde dem Begriff Sparochse aber eine ganz neue Bedeutung verleihen", witzelte der Referent.

„Jetzt ist es aber gut, Herr Meyer. Man soll zwar jeden Tag tausend Schritte gehen, aber nicht vierundzwanzig Tage jeden Abend radeln. Eine Nacht auf dem Christkindlmarkt muss auch genügen."

Herr Meyer zitierte weiter: „Denn tausend Jahre sind vor dir wie der Tag, der gestern vergangen ist, und wie eine Nachtwache."

„Und sie sollten den Tag nicht vor dem Abend loben. Sie könnten ja auch radeln", rüffelte ihn der Vorgesetzte.

„Bevor auch ich eine Überlastungsanzeige schreiben müsste, halte ich es lieber mit dem Matthäusevangelium: Sie säen nicht, sie ernten nicht und euer himmlischer Vater ernährt sie doch."

WEIHNACHTSGRÜSSE AUS EINER ANDEREN WELT

Was um alles in der Welt sollte diese Weihnachtspost? Kein Absender! Glückwünsche von einer unbekannten Person? Oder war sie ihr bekannt und hatte bloß vergessen, den Namen darunter zu schreiben. Vielleicht war es Werbung? Vielleicht ein Schneeballsystem oder ein Kettenbrief? Wenn sie es recht überlegte, hatte sie ihren Freunden und Verwandten schon lange keinen Brief mehr geschrieben. Überhaupt schickte man sich Nachrichten per Mail, WhatsApp oder SMS. Briefeschreiben war nicht mehr in Mode.

Herzliche Weihnachtsgrüße aus einer anderen Welt, stand auf der Innenseite der Karte. Welche Welt könnte da gemeint sein. Ein Weihnachtsrätsel, dachte sie, ja wirklich, es war ein Rätsel. Ob andere ebenfalls diese Post bekommen hatten? Sie wollte sich vergewissern und rief ihre Freundin an. „Du, Gerda, hast du heute Post ohne Absender bekommen? Eine Weihnachtskarte in einem Briefumschlag?"

„Ich war noch gar nicht am Briefkasten. Bleib mal dran, ich gehe nachsehen." Sie hörte die eiligen Schritte ihrer Freundin in Richtung Haustür klappern.

"Bist du noch dran? Ja, also, ich hab hier einen Weihnachtsbrief. Ein wunderschöner Umschlag übrigens. Warte mal, ich mach ihn auf." Sie nahm ein Messer und ritzte den Umschlag auf.

„So was", wunderte sie sich, „weißt du, was draufsteht? Herzliche Weihnachtsgrüße aus einer anderen

Welt. Merkwürdig. Ob noch mehr Leute diese Post bekommen haben?"

„Möglich. Ich vermute, dass es ein Kettenbrief ist. Ich telefoniere mal weiter und sag dir Bescheid."

„Gut Maria, das werde ich auch tun."

Sie legten beide auf. Kannte sie jemand, der ausgewandert oder in Urlaub gefahren war und Grüße schickte? Etwa ihre Schwester? Seit Jahren hatten sie keinen Kontakt mehr. Sollte sie vielleicht oder war es Tante Hedi? Auch sie hatte sich zurückgezogen oder lag es an ihr, dass sie nur noch selten ins Gespräch kamen?

Dann fiel ihr Onkel Heinrich ein. Mein Gott, es gab doch einige Menschen aus ihrem Verwandtenkreis, die sie aus den Augen verloren hatte. Zerwürfnisse waren nicht dafür verantwortlich. Es hatte sich im Laufe der Jahre so ergeben. Jeder hatte mit sich genug zu tun, keine Zeit mehr, sich um andere zu kümmern.

Das letzte große Familienfest war Jahre her. Früher trafen sich alle einmal im Monat bei ihrer Mutter. Am ersten Freitag war der sogenannte Omatag. Obwohl die Rente nicht üppig war, tischte sie immer richtig auf. Seit sie von ihnen gegangen war, dünnte sich alles aus. Es wurden nur noch die runden Geburtstage gefeiert und schließlich hörte auch das auf.

Eigentlich ein Jammer, dachte sie. Familie war damals das Wichtigste. Egal, was die Brüder, Schwestern, Cousins und Cousinen, Onkels und Tanten im Beruf auch erreicht hatten, am Omatag zählte nur die Person, weil sie zur Familie gehörte. Hier war man nur Mensch. Wie schrieb einst Meister Goethe? Hier bin ich Mensch, hier kann ich sein. Und jetzt? Weihnachten allein zu Haus? Das war nicht schön.

Sie machte sich eine Liste, wen sie alles anrufen wollte. Ihren Bruder zuerst.

„Hallo Peter, wie geht es dir? Lange nichts voneinander gehört", sagte sie.

„Ach Maria, was für eine Freude. Dass du dich mal meldest." Bruder Peter war ganz überrascht.

„Ja, ich dachte, ich ruf einfach mal an und frag, wie es deiner Familie geht. Wir haben uns länger nicht gesehen. Hast du nicht Lust, nächsten Samstag mit deiner Familie zu uns zu kommen? Dann machen wir ein Fest. Weißt du noch, wie damals bei Mutter? Ich würde mich freuen."

„Ja, gerne. Ich muss noch abklären, ob Rita etwas vorhat. Aber das können wir ja verschieben. Gut, wir kommen." Sie vereinbarten eine Uhrzeit. Am Schluss fragte sie nach der unbekannten Weihnachtspost. Auch er hatte diese Karte in einem Briefumschlag erhalten. Sie telefonierte den ganzen Nachmittag mit der Verwandtschaft. Alle hatten diese Post bekommen. Schließlich machte sie den Vorschlag, den Omatag wieder regelmäßig einzuführen. Reihum sollte er stattfinden und sie erklärte sich bereit, den Anfang zu machen.

Als sie ihre Freundin anrief, erhielt sie die Nachricht, dass diese ebenfalls die gesamte Familie angerufen hatte und alle diese Post im Briefkasten hatten. Mehr noch.

Am nächsten Morgen im Einkaufsmarkt kam heraus, dass dies wohl eine Art Wurfsendung gewesen sein musste. Von wem, blieb unbekannt. Jedenfalls hatte der Brief mit der Karte zu einem intensiven Gesprächsaustausch im Ort geführt.

Am ersten Weihnachtsfeiertag verkündete der Pfarrer der Kirchengemeinde im Festhochamt, dass die Jugendorganisation an alle Haushalte der Gemeinde einen

Weihnachtsbrief verschickt hätte. Der Weihnachtsgruß aus einer anderen Welt sollte daran erinnern, dass Jesus aus einer anderen Welt zu den Menschen kam. Die Menschwerdung Christi sei der Kern der frohen Botschaft. Die Menschen seien dazu aufgerufen, selbst menschlich zu handeln, einander beizustehen und miteinander anstatt auseinander zu leben.

SEHT HER, EIN STERN ZIEHT UNS VORAN

Wir waren bereits in Adventsstimmung, als die Stachel-schalen auf den Boden platzten und die Kastanien aufbra-chen. Bald würden die Herbstfrüchte geerntet und die ers-ten Maronen geröstet werden. Die Vorbereitungen für das adventliche Krippenspiel hatten bereits begonnen.
Zum Dank für unseren Einsatz bei der letzten Sternsinger-aktion durfte in diesem Jahr unsere ganze Clique mitwir-ken. Michael spielte den Ochsen, Katrin den Esel, Peter den Josef und ich durfte die Maria spielen. Die Hirten wa-ren aus der Klasse unter uns.

Wir probten wie die echten Schauspieler, zuerst die Le-seprobe, dann lernten wir den Text auswendig. Stellpro-ben kamen hinzu, Gestik und Mimik wurden geprobt. Mi-chael übte stampfen und schnauben, Katrin lernte die Eselslaute.

Eine Puppe stellte das kleine Jesuskind dar. Sie war eine moderne Puppe, denn sie konnte lachen und weinen, sie trank und nässte sogar die Windeln. Ich übte mit der Puppe, die mir Mutter zuvor geschenkt hatte. Maria sollte schließlich ein Gefühl dafür bekommen, wie sich ein rich-tiges Baby anfühlt. Unsere Mütter nähten derweil eifrig an den Kostümen.

Die Proben verliefen recht gut, unsere Regisseurin war sehr zufrieden mit uns. Am Tag der Aufführung wurden wir alle geschminkt und eingekleidet. Wir waren gut vor-bereitet und voller Enthusiasmus. Michael kroch auf allen Vieren im Ochs-Kostüm über den Bühnenboden, Katrin hörte sich beinah wie ein richtiger Esel an.

„So", sagte die Übungsleiterin, „jetzt wird es ernst. Also Kinder, toi, toi, toi. Habt viel Spaß und viel Erfolg." Wir nahmen unseren ganzen Mut zusammen. Dann hob sich der Vorhang. Eine Hirtengruppe zog in die Mitte der Bühne.

Der erste Hirte sagte: „Sieh mal her, ein Stern ist hier, er strahlt so hell und breit."

Hirte Nummer zwei antwortete: „Hör mir auf. Was ist denn das, das Licht scheint richtig weit."

Der dritte Hirte sagte: „Das sieht aus, als würd er gleich vor unsre Füße fallen."

Nun sprach der vierte Hirte: „Pass bloß auf, der wird sonst noch auf unsre Schafe knallen."

Die Hirten verständigten sich weiter über den Stern und gingen wieder von der Bühne. Dann trat Josef und Maria auf, sie sprachen mit dem Wirt und bezogen den Stall. Der Vorhang fiel und nach einer kurzen Umbaupause ging es weiter.

Ich kniete vor der Krippe, um alsbald das Jesuskindchen in den Arm zu nehmen, Peter stand neben mir, hinter uns stampfte Ochs Michael und Esel Katrin rief Iaaaa.

Dann tauchten die Hirten wieder auf und der Stern, der von der Decke hing, leuchtete. Hirte Nummer eins sagte: „Seht her, der Stern zieht uns voran, das muss die Hütte sein."

Hirte Nummer zwei antwortete: „Das Himmelsvolk ist auch schon da. Wir stimmen einfach ein."

Was niemand voraussehen konnte war, dass der super-günstige Stern aus dem Discountladen so minderwertig war, dass er nicht richtig funktionierte. Auch das technische Prüfsiegel fehlte. Der Stern schien mit einem Mal nicht nur zu leuchten, sondern auch Feuer zu sprühen, so als wäre er eine Wunderkerze.

„Oh", staunte das Publikum. Der Stern fing an zu rappeln, flog im Kreis, löste sich vom Faden und fiel in die Krippe auf meine Puppe, wo er noch ein Weilchen herumsauste.

Was jetzt geschah, blieb allen in Erinnerung. Meine süße Puppe wurde durch die Funken versprühende Fehlkonstruktion zum Leben erweckt. Sie fing zu lachen an, weinte und hüpfte wie ein Floh im Krippchen herum.

Vor lauter Schreck konnte ich sie nicht in den Arm nehmen. Ich stand wie gebannt vor dem kichernden und heulenden Jesuskind. Peter, unser Leitwolf, zog mich weg von der Krippe, in der es nach leicht kokelnden Windeln roch.

Die Hirten ließen sich nicht aus der Ruhe bringen. Sie fingen zu singen an. „Halleluja, halleluja, geboren ist ein Kind. Macht euch auf nach Bethlehem, im Stall ihr es dort find."

Da dies alles recht komisch wirken musste, fing ein Kind in der ersten Reihe plötzlich lauthals zu lachen an. Das wiederum war so ansteckend, dass der ganze Saal mit einem Mal vor Lachen bebte. Vorbei war die Andacht, die Aufführung beendet. Applaus brauste auf und wir verbeugten uns artig, so wie wir es geprobt hatten.

Der Vorhang fiel und die Feuerwehr stürzte auf das Krippchen, um einen möglichen Brand zu verhindern. Das Kokeln hatte jedoch bereits aufgehört. Die Krippe war gottlob nicht mit Stroh, sondern vorschriftsmäßig mit nicht brennbaren Materialien ausgepolstert. Wir kamen mit dem Schreck davon.

Nach dem Trubel stellte sich heraus, dass die Funken des umherfliegenden Sterns einen Kurzschluss in der Puppe ausgelöst hatten. Sie war am Batteriefach leicht angeschmort, was die kokelnden Windeln und das

Durcheinander des Sprachprogramms erklärte. Der Chip war unbrauchbar geworden.

Leider war die Puppe ebenfalls nicht von bester Qualität. Ein Markenprodukt wäre niemals durch umherfliegende Funken angeschmort worden. Mutter reklamierte den Schaden und bekam den Kaufpreis erstattet. Sie schenkte mir zum Trost eine neue Puppe, dieses Mal jedoch ein Markenprodukt mit Prüfsiegel.

Ich nannte sie Christine und hegte und pflegte sie lange Jahre. So lernte ich die Babypflege im Kinderspiel. Das Krippenspiel selbst wurde zur Weihnachtsgeschichte, die noch lange Jahre danach für Erheiterung sorgte.

DER DIGITALE NIKOLAUS

Es war kurz vor dem ersten Advent, als die Kinder in der Grundschule ein Tablet geschenkt bekamen. Damit sollte der digitale Unterricht erleichtert werden. Nicht nur wegen des Heimunterrichts aufgrund der Pandemie. Dies sollte auch den Aufbruch in die moderne Didaktik und Pädagogik verkörpern. Lernen als Computer gesteuerte Wissensvermittlung, mehr noch, Selbstlernen als Einstieg in selbständiges Denken und Handeln. Das waren die Tugenden, die heute in der Wirtschaft verlangt wurden.

Die Eltern, die vom Heimunterricht geplagt waren, begrüßten die vorweihnachtliche Gabe in der Hoffnung, dass die Pandemie doch noch etwas Gutes für die Sprösslinge bewirken könnte. Von nun an wurde der Unterrichtsstoff digitalisiert präsentiert. Jeden Morgen pünktlich um acht Uhr erwachte das Tablet zum Leben: „Guten Morgen liebe Schüler*Innen. Bitte öffnet euer Tablet. Wir wollen mit dem Unterricht beginnen.“

Die wohlklingende Computerstimme war als Schleife programmiert. Heute sollte mit dem arithmetischen Grundwissen fortgefahren werden. Die Geschwister Michael und Fritz saßen an ihren Tablets und lauschten wie gebannt den Anweisungen. Das Einmaleins verlangte ungeteilte Aufmerksamkeit. Einmal eins war eins. Was war zweimal eins? Auf dem Bildschirm flackerten zwei Tablets. So ging es weiter. Als die Stimme bei zehnmal eins angekommen war, blinkten zehn Tablet auf der Oberfläche. Michael, Klassenbester mit einem übereifrigen Erfindergeist, spitzte zu Fritz hinüber. „Das ist ja ein Schaltkreis“, rief er.

„Zehnmal eins ist also ein Schaltkreis?", fragte Fritz.

„Ja, genau. Wenn alle miteinander in Verbindung stehen, wird daraus ein Schaltkreis."

„Hm", brummelte Fritz und dachte, dass Zahlen sich ab einer gewissen Größe wohl in Dinge verwandelten und einen eigenen Kreislauf entwickelten. Wie war das wohl dann mit den vier Kerzen am Adventskranz? Viermal eine Kerze ergaben nach dieser Theorie, so nannten die Erwachsenen unbewiesene Annahmen, einen Adventskranz. Wenn nun aber vier Adventskränze zusammengeschlossen würden, wäre das dann ein Adventskreis? Würden die Kerzen oder die Kränze miteinander kommunizieren?

Oder wenn an Weihnachten die Geschenke digital verteilt würden, wäre das dann ein Geschenkekreis? Was wäre wohl mit dem Nikolaus? Würde er die Socken digital füllen oder kam er persönlich vorbei?

„Du hast doch Speicherkarten", klärte Michael den kleinen Bruder auf.

„An Nikolausabend machen wir die Tablets an und sehen am nächsten Morgen nach, was drauf ist." Das digitale Lernen nahm seinen Lauf und begann, sich zu verselbständigen.

Am Abend saßen alle beim Abendessen an einem Tisch, auch Oma Christa. Fritz zählte die Familienmitglieder und kam auf fünf. Fünfmal eins war also ein Familienkreis. Das musste er sich merken.

Was man so alles zusammenschalten konnte! Jetzt begann er erneut zu multiplizieren. Zweimal eins war ein Paar, dreimal eins eine kleine Familie, viermal eins ein Adventskreis, fünfmal eins ein Familienkreis, sechsmal eins ein Jugendkreis, siebenmal eins eine Handballmannschaft. Weiter kam er nicht.

"Fritz, was überlegst du denn so angestrengt? Hat das Tablet nicht funktioniert?", fragte seine Mutter.

„Ich lerne gerade das Einmaleins", verkündete er stolz.

„Funktioniert es oder hast du Fragen?"

„Nein, nein. Ich habe gerade nochmal die Zehnerreihe durchgezählt."

Seine Mutter nickte und war froh, dass die Entlastung scheinbar funktionierte. „Wenn ihr fleißig seid, wird der Nikolaus euch bestimmt belohnen", sagte sie.

„Au fein. Mama, hast du noch ein paar Speicherkarten übrig?", fragte Fritz.

„Speicherkarten? Hm, vielleicht hat Papa noch ein paar Sticks rumliegen. Ich seh gleich mal nach", versprach sie nichts ahnend. Sie fand noch zwei Speicherkarten, die sie Fritz brachte. „Jetzt macht ihr aber die Tablets aus. Ihr wisst doch, dass morgen Nikolaustag ist."

Michael nahm die Sticks und überlegte. Wenn er die Sticks in ein Tablet oder ein Laptop einsteckte, konnte er dann die Nikolausgeschenke optimieren? Er müsste dann alle Geräte irgendwie miteinander verbinden. Vielleicht gelang dies über die Schulcloud. Ja, dachte er, das ist die Lösung. Er würde in jedes Gerät einen Stick einstecken und alle bei der Schulcloud einloggen. Gedacht, gemacht. Michael erklärte Fritz, was er tun sollte und schickte ihn in das Arbeitszimmer der Eltern. Er sollte die Laptops unbemerkt von den Eltern in ihr Zimmer bringen. Damit ihre Mutter sie beim Gutenachtkuss nicht sah, versteckte er sie unter den Betten.

Als die Mutter gegangen war, flüsterte er: „Fritz, die Luft ist rein. Komm, hilf mir mal, alles auf den Schreibtisch zu stellen."

Fritz tat, wie ihm befohlen. Michael, der Technikspezialist, verband sie mit einem Kabel, wählte die Schulcloud an und gab die Laptops und Tablets frei. „So", sagte er voller Vorfreude, „Nikolaus kann kommen."

Am nächsten Morgen ging der Vater in das kleine Arbeitszimmer, um mit dem Homeoffice zu beginnen. Er erschrak. „Renate, komm mal her. Die Laptops sind weg. Jemand ist heute Nacht bei uns eingebrochen."

„Was, das gibt es nicht, heute Nacht? Aber ich hab gar nichts mitbekommen." Nach der Flasche Wein waren beide in den Tiefschlaf gefallen.

„Kinder", rief die Mutter, „ist euch etwas geschehen? Wir hatten einen Einbruch heut Nacht. Die Laptops sind weg."

Michael grinste: „Das war bestimmt der Nikolaus."

Der Vater wunderte sich über Fritzchens Fantasie. „Dann müssten die Laptops jetzt in einem Strumpf stecken. Lasst uns mal nachsehen." Die Familie begab sich ins Wohnzimmer. Die Socken hingen gefüllt mit Süßigkeiten am Band.

„Da sind sie aber nicht. Wir müssen die Polizei verständigen." Der Vater war besorgt.

„Papa, warte doch. Vielleicht hat der Nikolaus sich im Dateienbaum verirrt", versuchte Michael, den Vater davon abzuhalten. „Wie, Dateienbaum? Wie soll der Nikolaus denn da reinkommen?" Dem Vater schwante nicht Gutes. Er hatte geheime Daten, Betriebsgeheimnisse, auf seinem Computer.

„Hast du nicht gesagt, in eine Cloud käme jeder hinein?", suchte Michael nach Bestätigung. Du lieber Himmel, er wird doch nicht? Im Kopf des Vaters lief ein schlechter Film ab.

„Michael, sag mal, hast du etwa dem Nikolaus dabei geholfen?" Das Entsetzen stand ihm im Gesicht geschrieben.

„Weiß nicht", stammelte er kleinlaut, da die Stimme seines Vaters Ärger vermuten ließ.

„Zeig mir doch bitte mal eure Tablets." Sie gingen ins Kinderzimmer. Alle Geräte standen auf dem Schreibtisch, die Lämpchen glühten, helle Warntöne piepsten.

„Oh je", entfuhr es Michael. „Das war wohl zu viel für den Nikolaus. Der füllt sicher noch die Speicherkarten."

Der Vater zog blitzschnell das Netzkabel und löste alle Verbindungen. Die Geräte waren alle ausgeschaltet.

„Aber Papa, jetzt hat der digitale Nikolaus sein Werk nicht vollendet. Hast du nicht gesagt, wir dürften den himmlischen Mächten nicht dazwischenfunken?"

Der Vater versuchte, tief durchzuatmen. „Michael, es gibt keinen digitalen Nikolaus. Er hat euch doch die richtigen Socken, die im Wohnzimmer hängen, gefüllt. Ein Stick ist nur elektronisch mit Daten zu füllen. Du kannst die Schokolade zwar ausdrucken, wenn sie in einer Datei gespeichert ist, aber nicht aufessen."

„Nicht? Dann gibt es auch kein digitales Multiplizieren?", fragte Fritz jetzt verunsichert.

„Das Einmaleins hat sich nicht geändert. Einmal eins ist immer noch eins", sagte der Vater.

„Aber zweimal eins ist ein Paar und zehnmal eins ein Schaltkreis. So steht es auf dem Schulcomputer", meinte Fritz.

„Dann gib mir mal dein Tablet." Der Vater machte es wieder an. Alles funktionierte. Nur eine Fehlermeldung, dass die Freigabe nicht erteilt werden konnte, weil das Passwort fehlte. Gott sei Dank, dachte er. Dann rief er die

Seiten der Arithmetik auf. Ein Tabletbildchen tauchte auf der Oberfläche auf.

„Siehst du, einmal eins ist ein Tablet. Wenn ich jetzt auf zehnmal eins gehe, kommt ein Schaltkreis. Das hat Michael gesagt", beharrte Fritz auf seiner Erkenntnis.

„Aber Fritzchen, das sind nur Symbole, damit du besser die Zahlenreihen lernen kannst. Wenn du zehnmal ein Tablet rechnest, hast du zehn Tablets. Du kannst aber auch zehn Tablets einfach zusammenzählen und du erhältst ebenfalls die Zahl zehn. Das heißt aber noch lange nicht, dass dies ein Schaltkreis ist."

„Das ist aber schade. Und ich dachte, wenn man alle Zahlen miteinander verbindet, würden neue Dinge entstehen, so wie der Schaltkreis. Dann gibt es auch gar keinen Adventskreis, Familienkreis, Jugendkreis und an Weihnachten auch keinen Geschenkekreis? Und ich hatte mich so darauf gefreut."

„Weißt du, eine Familie ist immer ein Kreis, in dem jeder einen Platz hat. Jeder ist ein Teil des Ganzen. Und wenn wir alle etwas gemeinsam unternehmen, sind wir sogar wie ein Schaltkreis. Die Dinge entstehen aber nur, wenn wir etwas tun. Wenn wir nichts tun, geschieht auch nichts, nur die Zeit vergeht."

„Wer bringt dann an Weihnachten die Geschenke?" fragte Fritz.

„Das Christkind. Wir sind nur die Boten. Und glaub mir, das Christkind käme nie auf die Idee, digitales Gebäck zu schenken oder was du dir sonst so wünschst. Aber den Wunschzettel, den kannst du mir geben oder mailen. Denn lesen tut das Christkind alle Botschaften, ob handschriftlich oder digital."

„Dann bin ja beruhigt. Ich dachte schon, dass das Christkind mir die Eisenbahn nur noch als Bild schenken würde. Ich hol gleich meinen richtigen Wunschzettel aus dem Versteck, damit du ihn an das richtige Christkind weiterleiten kannst."

Fritz ging an den Schrank, wühlte hinter den Pullovern, nahm den Wunschzettel heraus und gab ihn seinem Vater.

„Wisst ihr Kinder, Computer sind dazu da, das Leben zu erleichtern. Aber das Leben selbst ist nicht digital. Es spielt sich immer in der gegenwärtigen Wirklichkeit ab. So und jetzt werden wir alles lebendig werden lassen. Nach dem Frühstück fahren wir auf den Weihnachtmarkt. Dort könnt ihr dann auf einem richtigen Eisenbahnkarussell fahren."

„Kriegen wir auch richtiges Popcorn?" fragte Fritz.

„Ein ganzen Korb voll", lachte die Mutter.

WER IST DIE WEIHNACHTSMAUS?

Ich weiß nicht, wie oft ich Gregor darum gebeten hatte, sich nicht über die frisch gebackenen Vanillekipferl herzumachen. Er war wie die Weihnachtsmaus, die nachts aus ihren Gängen kriecht, um sich am Gebäck zu vergnügen.

Jedes Mal, wenn ich voller Freude meine Backergebnisse präsentierte, fehlte am nächsten Tag gut ein Drittel. So konnte das nicht weitergehen. Erstens würde Gregor über Gebühr an Gewicht zunehmen und zweitens würde ich nicht rechtzeitig mit dem Backen fertig werden. Diese Naschkatze musste ich irgendwie überlisten.

Schließlich war das Gebäck, das ich in der ersten Adventswoche fertigstellte, für den Weihnachtsbasar des Elisabethenvereins bestimmt. Also beschloss ich, erst am Abend zur Weihnachtsbäckerin zu werden in der Hoffnung, Gregor würde es nicht wagen, nachts aufzustehen, um zu räubern.

„Hallo mein Schatz. Na, was hast du denn heute Feines gebacken?" fragte Gregor, als er zur Tür hereinkam.

„Noch gar nichts. Ich beginne erst damit. Heute backe ich Kokosmakronen", erklärte ich ihm.

„Weshalb so spät. Hattest du noch keine Zeit zum Backen gehabt?" rätselte Gregor.

„Ja weißt du, in unserem Haus sind neuerdings so viele Weihnachtsmäuse unterwegs. James Krüss hätte seine wahre Freude daran", erklärte ich etwas vorwurfsvoll.

„Was willst du damit sagen. Ich hab nichts genommen. Nur das eine Stück, das du mir zum Probieren gegeben hast", verteidigte sich Gregor.

„Ja, ja, ich hab nichts genommen. Dann verrate mir mal, weshalb fast ein Drittel aus der Dose verschwunden ist?" wollte ich wissen.

„Aber Schatz, du glaubst doch nicht wirklich, dass ich die alle gefuttert habe?", zog er meine Vermutung in Zweifel.

„Wer soll es sonst gewesen sein?", fragte ich nun direkt.

„Was weiß ich? Vielleicht Christian?", suchte er sich herauszureden.

„Du willst doch nicht deinen Sohn für deine Naschereien vorschieben?", regte ich mich auf.

„Wenn ich es nicht war, wer soll es sonst gewesen sein?", suchte er weiter nach einer Erklärung.

„Also wirklich. Dass du so schwindeln musst!", empörte ich mich jetzt doch.

„Mein lieber Schatz, ich versichere dir hoch und heilig, dass ich nichts genommen habe", sprach's und drückte mich ganz zärtlich.

„So, so", brummelte ich ungläubig und begann die Kokosflocken unter den Eischnee zu heben.

Es wurde nach zehn Uhr, bis ich alles ausgebacken und in der Dose verstaut hatte. So, morgen noch das Spritzgebäck und ich könnte die Tütchen füllen. Dann würde ich beim Weihnachtsbasar genügend Gebäcktütchen zum Verkauf haben. Wir wollten etwa fünfhundert Euro erlösen, um die Kindertagesstätte beim Ausbau des Spielplatzes zu unterstützen.

Gregor musste noch zur Vorstandssitzung des Fußballvereins und kam erst gegen elf Uhr abends zurück. Ich lag schon im Bett. Plötzlich schepperte es in der Küche und ich schreckte aus dem Schlaf auf. Ich tastete nach Gregor, aber er war nicht da. Aha, dachte ich, erwischt! Ich stand auf und ging in die Küche.

„Hab ich dich endlich erwischt, du Mäusetäter!" schimpfte ich.

Gregor stand verdutzt vor mir. Die Dose lag auf dem Fußboden und war halb leer.

„Willst du immer noch leugnen, dass du das alles aufgegessen hast?", forschte ich nach.

„Also Schätzchen, ich schwöre dir, dass ich das nicht war. Ich bin über die Dose gestolpert. Die lag geöffnet auf dem Fußboden", versicherte er wie ein Angeklagter in einem Kreuzverhör.

„Gregor, der Weihnachtsdieb. Ab heute nenn ich dich nur noch Weihnachtsdieb. Weißt du, dass mir nur noch zwei Tage bis zum Weihnachtsbasar bleiben. Da kannst du mir doch nicht alles einfach wegfuttern. Ich backe doch nächste Woche extra nur für uns", empörte ich mich.

„Aber mein Schatz, ich hab wirklich nichts davon genommen. Ich bin doch gerade erst von der Vorstandsitzung zurückgekommen", versuchte er mich zu beruhigen.

„Im Ernst, das soll ich dir auch noch glauben, du Weihnachtsdieb? Ich hab dich doch in Flagranti erwischt", sprudelte es aus mir heraus.

„Aber ich sage dir, dass ich gegen die Dose getreten bin, weil sie auf dem Fußboden lag", verteidigte er sich nun ebenso empört.

„Weihnachtsdieb, Weihnachtsdieb, Lügen fallen durch das Sieb", reimte ich verärgert.

„Wenn du mir nicht glaubst, kann ich dir auch nicht helfen", entgegnete er gekränkt.

So endete dieser Abend mit Unstimmigkeiten. Wir lagen in dieser Nacht nicht Arm in Arm beieinander sondern Rücken an Rücken.

Am nächsten Tag backte ich nochmals Kokosmakronen und Vanillekipferl. Das Spritzgebäck hatte ich auf Freitag verschoben, weil mir die Zutaten fehlten. Gregor sah sich einen Krimi an und wir gingen gegen zehn Uhr ins Bett. Kaum war ich eingeschlafen, schepperte es schon wieder.

„Gregor!" rief ich erbost.

„Was hast du denn, kannst du nicht schlafen?", fragte er und griff nach meiner Hand.

„Gregor, wer ist denn in der Küche, wenn du im Bett bist?", fragte ich verunsichert.

„Wer soll denn in der Küche sein? Schlaf doch weiter", murmelte er.

„Aber Gregor", flüsterte ich, „da ist jemand in der Küche, es hat gescheppert."

„Gescheppert?" fragte er.

„Ja, wie gestern Abend. Da ist jemand in der Küche", flüsterte ich.

Gregor stand leise auf und öffnete die Schlafzimmertür. Tatsächlich, da machte sich jemand an der Dose zu schaffen. Ganz vorsichtig öffnete er die Küchentür und schaltete das Licht an. Plötzlich fing er laut zu lachen an. Ich stürzte in die Küche und sah, wie ein Waschbär sich mit meinem Gebäck versorgte.

„Siehst du, da haben wir den Weihnachtsdieb", lachte Gregor, „das kommt davon, wenn man nachts die Fenster auflässt."

„Weihnachtsdieb, Weihnachtsdieb, Waschbären sind zuckerlieb", entfuhr es mir unversehens.

WEIHNACHTSGESCHENK FÜR OPA

Traurig saß Oma auf dem Sessel, tieftraurig. Ihr Mann war im Sommer gestorben und nun war bereits wieder Weihnachten. Sie konnte das alles immer noch nicht verstehen. Warum musste er von ihr gehen? Im Krieg hatte sie sich geschworen, Hitler wird mir meinen Mann nicht nehmen. Jahrelang versteckte sie ihren Ehemann und war von einem Bauernhof zum nächsten gezogen. Gegen Kriegsende denunzierte sie jemand. Er wurde verhaftet und kam in ein Konzentrationslager. Zwei Jahre musste er durchstehen, dann kam er zurück. Er hatte nie darüber gesprochen, was ihm dort widerfahren war. Während sie durch ihre Erinnerungen wanderte, wurde ihr Blick immer dunkler, das Gesicht verfinsterte sich.

„Oma", fragte Karlchen neugierig, „weißt du, was das Christkind mir bringt?"

Oma schreckte auf. „Was hast du gefragt, Karlchen?"

„Ob du weißt, was mir das Christkind bringt? Ein kleines Geschenk vielleicht?", wiederholte er und blickte sie flehentlich mit seinen großen braunen Augen an. Er sah seinem Großvater sehr ähnlich.

„Ich weiß es nicht, Karlchen, ich weiß gar nichts mehr", bekannte die Witwe.

„Was weißt du nicht mehr? Hast du alles vergessen?", stutzte Karlchen. Was war denn nur mit Oma los?

„Ich weiß nicht mehr, ob der liebe Gott noch ein Auge auf uns hat", sagte sie mit tonloser Stimme.

Karlchen verstand nicht. „Wie meinst du denn das? Der liebe Gott sieht alles, hat der Pfarrer gesagt."

Oma holte tief Luft. Sie hatte für einen Moment vergessen, dass sie nicht allein war. „Entschuldige Karlchen, ich bin mit meinen Gedanken bei Opa."

„Opa ist jetzt im Himmel," wusste Karlchen. „Ob er wohl weiß, was das Christkind mir bringt?"

„Opa ist im Himmel, ganz bestimmt. Alle guten Menschen kommen in den Himmel", sprach sie mehr zu sich als zu ihrem Enkelkind. Wieder hatte sie den Krieg vor Augen, den Alarm der Sirenen, den Beschuss. Dem letzten Luftangriff konnte sie gerade noch entgehen.

„Wenn Opa hier wäre, würden wir jetzt Karten spielen", erinnerte Karlchen sich.

Oma bekam Tränen in die Augen. „Ganz bestimmt", schluchzte sie. Wie gut, dass ihre Enkelkinder keinen Krieg erleben mussten. Hoffentlich blieb es weiterhin friedlich.

„Weißt du was", schlug Karlchen vor, „lass uns jetzt auch Karten miteinander spielen. Das wär doch ein wundervolles Geschenk für Opa. Dann kann er uns zuschauen und ist nicht so allein im Himmel".

Oma weinte still in sich hinein. Warum hatte Gott ihr den Mann genommen, fragte sie sich. Er hatte doch keinen Grund. Trotz des Krieges war ihr Gottvertrauen ungebrochen geblieben. Menschen verursachten das viele Leid, nicht Gott.

„Nicht weinen, Oma. Wir sind doch auch traurig, dass er nicht mehr da ist", versuchte Karlchen, sie zu trösten.

„Entschuldige, aber er fehlt mir so sehr", grämte sie sich.

„Uns fehlt er doch auch. Kein Opa war so lieb zu uns wie er. Auf der ganzen Welt gibt es keinen besseren Opa. Komm, lass uns Karten spielen. Dann freut er sich mit uns." Karlchens Vorschlag riss den dunklen Vorhang etwas auf. Ich verderbe meinem Enkel den Heiligen Abend, spürte sie. Das hatte Karlchen nicht verdient. Die Enkelkinder wussten doch gar nicht, was im Krieg geschehen war. Kein einziges Wort war jemals über ihre Lippen gekommen.

„Du hast Recht, spielen wir Karten." Oma trocknete die Tränen, Karlchen holte das Kartenspiel aus dem Schrank und begann, sie zu mischen.

„Aber dass du es weißt. Wenn du schummelst, wird Opa dich an den Haaren ziehen. Und schau mir nicht in die Karten."

Jetzt lächelte Oma. „Ich schummle doch nicht."

„Aber weil du so groß bist, linst du immer in mein Blatt. Wer nicht ehrlich ist, den holt der Teufel, sagt unser Pfarrer immer. Und du willst doch wieder zu Opa kommen."

Dieser liebe Junge, dachte sie, gibt sich alle Mühe, dass ich wieder atmen kann. Karlchen hatte sie besonders in Herz geschlossen. Wenn sie in sein Gesicht sah, sah sie ihren Mann in jungen Jahren vor sich. Vielleicht würde ihr Mann auch wollen, dass sie wieder lachen konnte. Vielleicht hatte Gott ihren Mann zu sich genommen, bevor er wegen einer Krankheit leiden musste. Er hatte im Krieg genug gelitten. Sie griff um das Kreuz, das an der Halskette baumelte. Lieber Gott, betete sie in Gedanken, wenn du mich wirklich liebst, dann schenk mir die Kraft, mich mit dem Schicksal zu versöhnen und meinem Enkel Freude zu bereiten.

„Ja", schluchzte sie jetzt wieder, „ich will da oben bei ihm sein." Sie atmete tief ein.

„Aber jetzt noch nicht, Oma. Du musst noch warten bis wir groß genug sind. Ich verrate auch nicht, wenn du trotzdem schummelst. Es ist ja nur ein Kartenspiel", versicherte Karlchen.

WEIHNACHTEN IN DER BERGHÜTTE

Kalt war es geworden. Es schneite. Ununterbrochen. Meterhoch stapelte sich der Schnee bereits. Heute war sicher schwer durchzukommen auf die Alp. Obschon der Räumdienst hier vorbildlich funktionierte. Sie wärmte sich Milch auf. Das würde ihr guttun. Ob Gregor gut im Tal angekommen war?

Die Urlauberin kuschelte sich in eine Decke, setzte sich auf die Bank und trank die warme Milch. Wie gut, dass sie ihr Häkelzeug mitgenommen hatte. Sonst würde ihr die Zeit lang werden. Sie war gerade dabei, das Vorderteil des Pullovers wieder aufzuziehen, als sie ein Klopfen und Pochen hörte. Wer konnte das wohl sein? Hatte sich jemand verirrt und suchte Schutz? Sie ging an die Tür.

„Wer ist da draußen?", rief sie. Keine Antwort. Merkwürdig, dachte sie und rief nochmals: „Hallo, wer ist denn da?"

Niemand meldete sich. Vielleicht war bloß ein Holzscheit vom Stapel gefallen und hatte die Tür gestreift. Sie setzte sich wieder auf die Bank. Da rumpelte es nochmals. Was war das nur? Ob sie öffnen sollte? Sie war allein. Angst hatte sie nicht direkt, nur ein unheimliches Gefühl.

Vielleicht war es doch keine so gute Idee gewesen, sich eine einsame Berghütte zu mieten. Andererseits wurden gerade diese Unterkünfte als besonders romantisch angepriesen. Suchten sie nicht diese Einsamkeit, um abschalten zu können, um gerade in der Weihnachtszeit der Hektik und dem Stress zu entfliehen, endlich runterzukommen von diesem Berg aus sozialen Verpflichtungen, um die Weihnachtszeit ruhig und besinnlich erleben zu können. War das etwa ein Trugschluss? Wäre Gregor nicht ins Tal gefahren, um ein paar Besorgungen zu machen, würde sie nicht darüber nachdenken.

Wieder ein Geräusch. Es hörte sich an, als wäre Schnee vom Dach gerutscht. Hoffentlich war der Eingang nicht versperrt. Sollte sie nicht die Tür aufmachen und nach dem Rechten sehen? Vielleicht suchte auch jemand Hilfe. Maria und Josef hatte niemand aufgemacht. Aber das würde heute nicht mehr geschehen. Oder doch? Könnte sie sich verzeihen, wenn jemand vor ihrer Tür erfrieren würde? Wie beunruhigend, inmitten dieses heftigen Schneefalls allein zu sein. Mozarts kleine Nachtmusik ertönte.

„Hallo Gregor. Gut, dass du dich meldest. Hier sind seltsame Geräusche ums Haus herum zu hören." Ihre Stimme klang besorgt. „Ich wollte niemand reinlassen. Man weiß ja nie, wer da an die Tür klopft."

„Deshalb rufe ich an. Steinböcke und Hirsche sollen sich unweit unserer Hütte versammelt haben, hat mir die Kassiererin des Supermarktes erzählt. Jeden Winter kämen sie bis zum oberen Kamm wegen der Wiesen an den Abhängen. Bleib einfach im Haus. Dann wird dir nichts geschehen."

„Gottseidank. Ich hab mir schon Vorwürfe gemacht."

„Was denn für Vorwürfe? Mach die Tür nicht auf, hörst du. Ich bin gleich zurück."

Sie drehte das Radio an. „Hallo liebe Leute, sie hören die Wetterschau des Tiroler Rundfunks. Tirol ertrinkt bis zum Nachmittag im Schnee. Lawinen-gefahr besteht aber nicht. Die Temperaturen liegen bei minus vier Grad. Hüttenbewohner in den Tuxer Alpen aufgemerkt: Bleiben sie in den Hütten, machen sie es sich am Kamin gemütlich. Und keine Angst, wenn's rumpelt. Steinböcke sind wieder im Anmarsch, Hirsche sind auf der Wanderung. Also bleiben Sie froh und heiter, dann kommen sie immer weiter."

Sie ging ans Fenster, schob die Gardine zur Seite und sah den Berg hinauf. Tatsächlich, eine ganze Herde kletterte am Kamm. Die Geißen standen etwas abseits. Die Böcke waren sich im wahrsten Sinn in die Hörner geraten. Sie musste wohl die Brunftschreie und Geweihstöße gehört haben. Ein Hirsch schaute genau in ihr Fenster hinein. Das musste wohl der Platzhirsch sein. So ist die Tierliebe in den Bergen, dachte sie, rau aber herzlich.

VIENI GÉSU, RESTE PER NOI

Nicht die Gebirgsregion ist das Besondere, der historische Hintergrund, das internationale Flair, das Kaiser Franz Josef und Kaiserin Elisabeth von Österreich hinterlassen haben, auch nicht die fünfzehnhundert Höhenmeter des Trentiner Städtchens, selbst der Pelzmantel nicht, der fast überwiegend getragen wird, sowohl von eleganten als auch weniger eleganten Signoras und Signorinas, hier mitten im Naturpark Adamello Brenta, wo der Braunbär noch zu Hause ist, weht der eigentümliche Atem der Madonna, der Urlaubsort, der auch ihren Namen trägt:: Madonna di Campiglio.

Eine kleine Gemeinde versammelt sich in der neuen, am antiken Bau angelehnte Kirche, an diesem Platz, an dem einst Joseph Österreicher residierte. Gemessen an der Zahl der Touristen, zuweilen zählt man an die vierzigtausend Gäste, ist der christliche Kreis, der sich regelmäßig zur Liturgie trifft, verschwindend gering. Etwa fünfhundert Plätze bietet der Neubau.

Der Stil erinnert eher an einen Saalbau, konisch auf den Altar zulaufend, dessen linke Hinterwand ein großes Gemälde des Kreuzweges ziert. Bis zur Decke hin spitzt sich rechts daneben ein viereckiges, etwa achtzig Zentimeter breites Gemäuer zu, das in einem imposanten, vielfarbigen Stern die Monstranz birgt.

Signore Gésu ist hier und man spürt mit dem Betreten dieser Stätte eine spirituelle Ruhe, den heiligen Geist. Er überträgt sich auf die Gottesdienstbesucher und schafft unmittelbare Nähe.

Die katholische Kirche ist universal, was Fremden erlaubt, an Gesängen und Gebeten teilzuhaben, auch wenn man die italienische Sprache nicht beherrscht. Ritus und Liturgie verbinden Gottesgläubige aus aller Welt.

Anders als in deutschen Messen werden sie auch direkt in deren Zelebrieren miteinbezogen. Der schon ältere Padre geht vor Beginn behutsam auf die ersten Reihen zu, spricht einige von ihnen an und findet immer genug Personen für die Lesungen und Fürbitten. Selbst das Austeilen der Kommunion wird einem Laien mit anvertraut. Die notwendigen kirchlichen Weihungen verleiht ein ihnen umgehängtes Kreuz.

In der Predigt verkündigt der Padre am Neujahrstag 2003 die Worte des Papstes Johannes Paul II. zum Weltfriedenstag Außerhalb des Kirchengebäudes hängen in den umliegenden Ortschaften verstreut einige bunte Flaggen mit dem Aufdruck „Pace".

Nach dem Opfergang bittet der Padre vier Kinder zu sich, fragt am Altar nach ihren Namen und stellt sie der Gemeinde vor. Während des „Vater Unser" halten sie sich an den Händen und bilden eine Gebetskette. Danach wünschen sich die Gottesdienstbesucher gegenseitig „Pace".

Der Padre löst sich von den Kindern und geht auf die Gläubigen zu, um einigen die Hand zu reichen. So werden im Handumdrehen aus Besuchern Mitgestalter ohne vorherige Proben. Denn Messdiener gibt es keine. Gerade mal ein Dutzend Kinder empfingen 2002 die erste heilige Kommunion. Ihre Bilder sind am Eingang ausgehängt.

Wenn am Ende der Messe das Gottesvolk „vieni Gésu, reste per noi" singt, liegt der Segen Christi auf allen, die zu ihm gebetet haben. Spirituell bereichert verlassen sie die Kirche mit jenem heiligen Hauch, den einst die Madonna verströmte.

LADINISCHE AUSSICHTEN

Corvara ist eine Gemeinde mit fünfzehntausend Touris-tenbetten, drei Lebensmittelläden, drei Sportgeschäften, zwei Boutiquen, mehreren Geschäften mit Artikeln des Kunsthandwerks, kurzum eine Gemeinde, die alles hat, was man zum Leben benötigt, die jedoch ohne den Schnick-schnack unserer Konsumgesellschaft auskommt. Vom ein-fachen Leben spricht die Touristikbranche, das selbst schon zur Kunst geworden sei. Und je länger man sich hier aufhält, desto deutlicher wird diese Distanz.

Die Alpwirtschaft wird nur noch von wenigen Bauern be-trieben. Manche Berghöfe sind bereits zerfallen, der Mör-tel des Mauerwerks aus aufgehäuften Kalksteinen zerbrö-ckelt, verwitterte Bretterverschläge und Fensterläden an zerborstenen Scharnieren hängen von den Wänden herab.

Die Menschen unterhalten sich mal in deutscher, mal in italienischer Sprache. Mit Touristen redet man deutsch, als sei dies die Muttersprache. Da mich dies verwundert, spre-che ich im größten Supermarkt des Ortes die Verkäuferin an. Eine ältere Dame, die mit der jüngeren hinter der Theke steht, gibt sich als Frau Kostner zu erkennen, als Angehörige der Inhaberfamilie, einem Traditionshaus, dessen Spross es zu sportlichem Ruhm gebracht hat. Klar, dass den Namen Kostner hier jeder kennt und würdigt. Und so erfahre ich, dass Deutsch immer noch in der Grundschule neben franzö-sisch alternativ angeboten wird. Das obere Südtirol mit Grödner Tal, Alta Badia und Fassatal wäre daher immer noch deutschsprachig.

Bei Ladenschluss verhält man sich eher städtisch. Wenn die Kasse geschlossen ist, wird nichts mehr verkauft. Sie schließt sehr pünktlich. Was anfänglich wie leise Arroganz anmutet, entwirrt sich bei genauerem Hinsehen als Feierabenderwartung. Egal was man sagt, sie verstehen die Worte und an den Gesten erkennt man die kaufmännische Erfahrung, das Businessgepräge moderner Zivilisationen. Romantik kommt da nicht auf, eher ein Gefühl von Geschäftstüchtigkeit.

Die ladinische Volkskunst ist hier nur an den Holzschnitzereien auszumachen. Corvara ist längst kein Bergbauerndorf mehr, das Skifahrer als Quelle für Zusatzeinnahmen duldet. Hier wird Sport und Erholung verkauft und zwar das ganze Jahr über.

Corvara hat zwei Kirchen. Eine Glocke gibt den Stundenschlag vor. Religiosität ist eher säkular erfahrbar. Der Sonntag und die Sonntagsruhe werden jedoch gehalten. Es gibt auch regelmäßige Angebote zur Ehevorbereitung und christliche Seminare. Der Papst betet für den Frieden, für ein Ende des Terrors und der Gewalt.

Der Ort ist schnell abzugehen und so setze ich mich in der Mittagszeit auf die Terrasse des Hotelzimmers und genieße die Sonnenstrahlen, lade mich mit deren Wärmeenergie wieder auf. An den Bergauffahrten ist lediglich ein Imbissstand vorhanden, obwohl dort eine Gondelbahn, mehrere Sessellifte und Schlepperlifte zu den Gipfeln führen. Auch beim Gondelausstieg ist keine Berghütte zu finden, was mich dann doch verwundert. Kein ladinisches Mallorca, kein Ischgler Après Ski, Einfachheit ist hier Programm.

Von den Höhen der am Sassongher angelehnten strada sassongher sieht man auf Corvara herab. Von hier oben aus gleichen die Sessellifte einem Vogelzug. Die Autos kriechen wie Ameisen die Serpentinen hinauf und hinab. Alles fügt sich zu einem selbstverständlichen Ganzen, ohne Aufgeregtheit, ohne Besonderheit, aber auch ohne idyllische Verklärung. Mag sein, dass dies am wegtauenden Schnee liegt, der Skifahrer dazu nötigt, die Bretter stellenweise abzuschnallen, um nach fünf Metern wieder weiterfahren zu können. Aus geöffneten Fenstern dringt das Programm des Rundfunks und begleitet den Südtiroler Vormittag mit bekannten Klängen der Popmusik. Auch in diesem Viertel stehen die Uhren auf Gegenwart. Corvara ist keine Reise in die Vergangenheit, es ist eine Begegnung mit westeuropäischen Zeittakten, zivil, menschenfreundlich, gottesfürchtig und geschäftstüchtig.

Skifahrer kehren häufiger zurück, denn das Angebot an Abfahrten der unterschiedlichsten Schwierigkeitsgrade ist enorm groß. Die vielfältigen Berglandschaften erinnern an die Kulissen großer Kinofilme. Vielleicht ist dies ein Grund dafür, dass man den Rummel und den üblichen Skizirkus nicht nötig hat. Die Geographie spricht für sich.

Diese Umgebung ist es auch, die mich draußen verweilen lässt. Ein derartiges Panorama aus Gebirgsketten, Steilhängen, zerklüfteten Felsen und wuchtigen Gipfeln ist eine Seltenheit. Das Abendrot der Sellarondaspitzen bleibt als Etikett einer Bergregion zurück, einer Zuflucht, die es verstanden hat, die Spielregeln der Freizeitindustrie anzuwenden, ohne die Natürlichkeit zu zerstören. Möglicherweise ist dies das Merkmal ladinischer Lebenskunst.

WINTER- UND WEIHNACHTSGE-DICHTE

WINTERPASTELL

Wie ist die Welt so weiß geworden,
der Winter zieht die Zügel an.
An Bäumen hängen Bärte dran,
die Luft bläst kalt und frisch von Norden.

Der Tag lässt Sonnenschein vermissen,
doch wärmt er uns, dann wird es hell.
Der Schneefall zaubert ein Pastell,
polstert die Welt mit weißen Kissen.

Flüsse und Teiche sind gefroren,
die Eishaut glitzert, funkelt auf,
die Kinder laufen Schlittschuh drauf.
Gefahr hat ihren Schreck verloren.

Die Tiere haben sich verkrochen
in Nestern, Höhlen, in der Erde.
Dass Hunger nicht zum Herrscher werde,
haben an Fährten sie gerochen.

Die Tannen flüstern, warten schon,
besinnen sich auf das, was kommt.
Die Christrose der Botschaft frommt:
Bald trägt ein Kind die Gottes Kron'.

NORDWIND

Der Nordwind weht durchs ganze Land,
reißt letzte Blätter von den Bäumen.
Dass sie den Platz an Zweigen räumen
trägt er sie fort im Sturmgewand.

Er tobt und braust so rau und kalt,
lässt frösteln uns, lässt uns erzittern.
Dass wir im Wandel nicht verbittern,
die frische Luft der Klarheit galt.

Der Nordwind strömt auch sanft und leis,
lässt ruhen uns, hilft zu entspannen.
Stille und Einkehr wir gewannen,
wenn Tage schließen ihren Kreis.

Oh Nordwind, wandelst mit dem Hauch,
schenkst uns des Werdens tiefen Frieden,
Altes von Neuem still geschieden.
Und Leben keimt im Kälterauch.

KOMMT DER FROST

Wintersprossen trägt die Landschaft,
tupft die weiße Farbe auf.
Nebelkrähen hüpfen spähend
auf den Sprenkeln, Punktelauf.

Ach, wie kalt weht jetzt der Nordwind,
letzte Körner ducken sich,
dass der Rabenvögel Suche
sie verschont noch, hoffentlich.

Kommt der Frost, erstarrt die Erde,
kühl funkelt des Eises Schrein.
Und die Winterschlaftierherde
gräbt sich in die Höhlen ein.

Alles ruht und sinnt dem Lichtern,
das der stillen Nacht entspringt,
bis das Glänzen aller Sterne
uns das Jesuskindlein bringt.

DEZEMBER

Dunstwolken trüben.
Wo von Silberschüben
das Land bereift,
zwängt sich das Licht
durch den Nebelrauch.

Wenn des Frostes Härte
Eiszapfenbärte
an Dächern schleift,
ein Klirren bricht
aus dem Kältehauch.

Der Tag verschliss sein Gesicht
unter dem Schneegewicht.
Das Dauergrunzen der rauschigen Sau
verhallt im Morgengrau.

Die Stille im Haus unterbricht
die Weihnachtsmaus,
wenn sie Dosen schüttelt
und an Blechen rüttelt.

Wenn im Advent
das Kaminholz brennt,
flackern Kerzen
Licht in die Herzen.
Und die Augen leuchten,
Wehmütiges sie verscheuchten.

FLOCKENLIED

Alle Flöckchen tanzen,
fallen leis auf das Eis,
bilden einen Zauberkreis
aus den weißen Röckchen.

Fasst euch an den Händen,
dass das Licht Farben bricht.
Hört doch, was der Himmel spricht,
will euch Freude spenden.

Baut euch einen Schneemann,
mit viel Fleiß rollt das Weiß
steckt dazu das Birkenreis
dass es jeder sehn kann.

Singt und lasst es klingen,
überall froher Schall,
feiern wir den Flockenfall,
lasst die Herzen springen.

DAS VERIRRTE REHLEIN

Ein Rehlein hat sich im Köllerbach versprungen,
ihm hinaus zu helfen war Kindern gelungen.
Ein Dorn hatte sich in die Hufe gedreht,
es konnt nicht mehr laufen, hat um Hilfe gefleht.

Es zum Tierarzt zu bringen hatten sie geschafft,
verblutet die Hufe, die Wundhaut weit klafft.
Der Doktor sagt: „Das wir 'ne längere Geschichte,
ihr müsst mir jetzt helfen, die Hufe ich richte."

So kamen die Kinder nun Tag für Tag,
brachten Körbe voll Futter zum Reh ins Gelag,
mit Hafer füllten sie täglich die Krippe,
bis es zurück konnte zu seiner Sippe.

Am heiligen Abend geschah das Wunder,
das Reh lief ins nahe Gebüsch zum Holunder,
kam wieder zurück, sich der Pflege besann.
Den Kindern aus dem Auge eine Träne rann.

Das Rehlein nickte, sprang in den Wald tief beglückt.
Den Kindern klopfte das Herz wie verrückt.
Der Doktor nahm sie in die Arme ganz sacht,
übersät mit Sternen war auf einmal die Nacht.

OH CHRISTROSE

In der Kälte des Winters, wenn alles erstarrt,
blüht eine Blume, die der Hoffnung harrt.
Sie heißt Christrose, ist so zart und so rein,
will des Himmels aufblütende Botin sein.

Mit dem Hauch von Frische trotzt sie dem Wind,
erinnert uns daran, dass stets Neues beginnt.
In kalten Zeiten, wenn scheinbar alles verloren,
zeigt sie uns, es wird alles wiedergeboren.

In der Dunkelheit, wenn die Sonne nicht scheint,
sie das Leben für uns mit dem Werden vereint.
Ihre Schönheit kündet von göttlichem Geschick,
das Glück wird kommen jeden Augenblick.

Es heißt Jesus Christus, ist der Gottessohn,
und kommt zu uns mit der Erlösungsmission,
ist der Himmelsknabe, der für uns stirbt,
mit seinem Tod für das ewige Leben wirbt.

Oh schöne Christrose, bist so zart und so rein,
willst des Heilands verkündende Botin sein.
blühe auf und breite die Blätter aus,
dass wir erkennen Gottes liebendes Haus.

WEIHNACHTSZEIT

Wenn alles glänzt und strahlt von weit,
beginnt die liebe Weihnachtszeit.
Die Kinder springen voller Glück,
naschen vom Pfefferkuchenstück.

Sie liegen nachts im Weihnachtstraum,
schmücken vergnügt den Tannenbaum.
Wenn Kerzen leuchten hell und warm,
nimmt Gottes Licht sie in den Arm.

Gemeinsam teilen wir die Stunden,
die Freude alle hat verbunden.
Wir schenken uns die schönste Zeit
mit Liebe und Aufmerksamkeit.

Wir wollen feiern, singen, lachen,
uns gegenseitig Freude machen.
Weihnachten schenkt uns allen Frieden,
denn Christus ist hinabgestiegen.

Und alle, die um Heilung flehten,
demütig niederknien und beten.
Sie öffnen ihre Herzen weit
für seine Liebesewigkeit.

WINTER IN BERNKASTEL-KUES

An der Mosel entlang,
wo jede Traube eine Auslese ist,
kommen sie märchenhaft durch den Winter,

schippern samstags auf der weißen Flotte
rauf und runter, an Weinbergen vorbei,
suchen zwischen Giebelfachwerkhäusern
nach Krimskrams und nostalgischem Spielzeug,
schütten mit Glühwein alle Bedenken weg
und klettern den Berg hinauf
zur Burgruine Landshut.

Dann sehen sie sich um und wandern
zur Sankt Anna-Kapelle,
zählen die Kreuzweg-Stationen,
dass der Himmel alle Gebete hört,
die stiller werden mit jedem Schritt.

ADVENT

Advent – das heißt sich vorbereiten,
ein Weg zum Himmelreich.
Die Engel wollen dich begleiten,
mit dir die Dunkelheit durchschreiten,
so wie ein Lichtausgleich.

Advent – das ist ein Wort der Liebe,
die Hoffnung für ein Kind,
die sich für alle einfach schriebe,
wenn nur das Gute in uns bliebe,
ein Hauch von Engelwind.

Advent – das heißt Gott zu empfangen,
demütig beten, niederknien,
uns Nächstenliebe abverlangen,
zum Weg der Ewigkeit gelangen,
wenn wir zur Krippe ziehn.

KLEINE HELFERLEIN

Wichtelmann und Knuspermaus
werkeln vor Advent im Haus.
In der Nacht sind sie am Klopfen,
Türchen in die Wand zu stopfen,
um die Zimmerchen zu bau'n,
worin die Schätze sie verstau'n.

Denn dass ihrs wisst, die Helferlein
Sankt Niklas schickt ins Haus hinein,
damit sie die Pakete füllen,
sie in Papier mit Schleifchen hüllen,
bevor sie unterm Tannenbaum
versammelt steh'n vor'm Zweigensaum.

Drum seid so nett, alle ihr Lieben,
verzeiht den kleinen Weihnachtsdieben.
Und wenn ihr eine Türe findet,
so denkt daran, wer dort verschwindet.
Stellt noch ein Leiterchen dazu,
denn der Beschenkte, der bist du!

LOCKRUF

Knusper, knusper, Mäuschen,
komm raus aus deinem Häuschen.
Lebkuchen und der Pfeffermann
haben es dir angetan.
Vanilleschaum und Sternanis
machen Plätzchen wundersüß.
Sie warten schon vor deiner Tür,
die süßen Fallen, komm doch herfür.

DER GENIEßER

Auf großen runden Blechen hocken
Häufchen Eischaumkokosflocken.
Sie warten auf den Ofenbrand,
damit sie später ganz galant
auf den Lippen und im Gaumen
Verzücken in die Augen pflaumen.
Wen's nicht verzückt, der tröste sich
mit Sahne und mit Apfelstich.

ADVENTSMARKT

Gärten gähnen wie Nebelkrähen.
Beete, verhunzt von Wildschweinen,
filtern Dunst aus dem Licht.

Astgabeln kämpfen mit Raufrost,
Vögel prosten sich zu, Eiswein betrunken,
sitzen auf Mistelperücken,
vor Liebesdurst schnatternd.

Glanzparaden der Stechpalmen,
rot beperlt, winden Kränze
um Weidengeflechte, Kerzen bestückt.

Gelbe Flammenzungen, verzücktes Augenleuchten,
Kinderherzlachen und Nussknacker hacken
auf Glühweinbäckchen zwischen Ständen,
wenn der Wind um das Kettenkarussell
Schneepirouetten dreht.

KOMMT EIN RENTIER GEFLOGEN

Kommt ein Rentier geflogen
durch die Nacht übers Haus,
hat den Schlitten gezogen,
drin sitzt Sankt Nikolaus.

Zieht die Zügel zum Halten,
Nikolaus ruft Hü-hott!
Engelchöre erschallten,
spielten auf dem Fagott.

Nikolaus packt Geschenke
in den Rucksack und fliegt
durch den Schornstein auf Bänke,
dass das Holz sich durchbiegt.

Stopft die Strümpfe, sie hängen
am Kamin an der Schnur.
Doch die Zeit ist am Drängen,
Rentier dreht schon die Spur.

In der Nacht hat Sankt Niklas
alle Kinder beschert,
die mit Freude und viel Spaß
ihre Socken geleert.

WICHTELEI

Wer flitzt durch unser Häuschen
und sammelt ohne Päuschen?
Es ist der kleine Wichtelmann,
der mitnimmt, was er finden kann.

Treppauf, treppab rennt er durchs Zimmer,
denn müde wird er nie und nimmer.
Für alle Kinder, groß und klein,
will er ein Freudenbringer sein.

Wenn ihr an einer Schlaufe zieht,
man ihn dahinter lächeln sieht.
Freut euch über den Weihnachtsbrauch
und wichtelt auch!

GUTE GEISTER

Sankt Nikolaus die Leiter stellt,
die kleinen Wichtel sie besteigen,
um sich den Menschen zuzuneigen,
packen Geschenke für die Welt.

Der Nordwind rüttelt schon am Schlitten,
die große Glocke lauthals schrillt,
die Rentiere rennen wie wild,
sind schnell zum Wichteldorf geritten.

Knecht Ruprecht sammelt alle Päckchen
der Helfer ein und schnürt den Sack,
trägt ihn zum Schlitten huckepack,
rot färben sich die Wichtelbäckchen.

Aus Wolken senken sich die Kufen
und setzen auf der Erde auf.
Es startet der Geschenkelauf
von Tür zu Tür über die Stufen.

Als alle Päckchen ausgebracht,
klatschen die Wichtel ihrem Meister.
Sie sind die guten Himmelsgeister,
wenn Nikolaus kommt in der Nacht.

VON NORDEN HER KOMMT NIKOLAUS

Von Norden her kommt Nikolaus
durch Wolken, Stürme und Gebraus.
Die Rentiere den Schlitten ziehn
ganz schnell zu all den Kindern hin.

Am Abend bangen sie gar sehr,
kommt Niklas auch zu ihnen her?
Mit großen Augen warten sie,
folgen der Herzensmelodie.

Das Klopfen an der Tür ist fest,
Gefühle höherschlagen lässt.
Die Freude ist so übergroß,
Knecht Ruprecht lässt den Rucksack los.

Geschenke teilt er allen aus.
Mit einem frohen Liederstrauß
bedanken sich die Kinder dann
beim weitgereisten Weihnachtsmann.

SIND'S ARME KIND, SIND'S REICHE KIND?

Es war einmal vor unsrer Zeit,
beginnen Märchen weit und breit.
Die Kinder lauschten einst in Ruh,
lernten fürs Leben viel dazu.
Kommt heut die schöne Weihnachtswelt,
wird keine Frage mehr gestellt.

Heut wissen wir und ahnen nicht,
Computer sind für alle Pflicht.
Die Kleinsten bleiben in der Krippe,
Eltern kommen zur Stippvisite.
Sie kennen nur die Tastatur,
das digitale Leben pur.

Und Nikolaus, man glaubt es kaum,
verirrt sich im Dateienbaum.
Er macht die Speicherkarte voll
und nicht die Socken, bunt, aus Woll'.
Wer will schon Nuss und Mandelkern,
betet in Stille noch zum Herrn?

Wir skypen, mailen, simsen, smilen,
ein Christkind kann da nicht verweilen.
Das wirrt so wie der Nikolaus
durchs digitale Elternhaus.
Und schalten sich die Kerzen ein,
fließt grüner Strom als Feuerschein.
Doch kommt die heil'ge Nacht daher,

vermissen Kinder vieles sehr.
Das Basteln, Malen und das Naschen,
geheimes Wissen zu erhaschen,
wenn Opa und die Omama
erzählen, wie es damals war.

Das Singen unterm Weihnachtsbaum,
das Engelshaar, Girlandentraum,
Geschenke, auf die man sich freute,
das Auspacken der ganzen Meute,
den Tannenduft, die Wunderkerzen,
das Streicheln, Kuscheln und das Herzen.

Nun sagt, was ihr da drinnen find?
Sind's arme Kind, sind's reiche Kind?

WEIHNACHTSMARKT

Wenn der Weihnachtsmarkt öffnet im Advent,
laufe ich durch die Stadt,
manchmal, wenn mich jemand erkennt,
hör ich ständig, dass er keine Zeit mehr hat.
Und wir winken zurück und drehen uns um.
Das Geschenk im Schaufenster fehlt schon, wie dumm.
Ich frage mich, was ich sonst hätte schenken können.
Die Kunden sich einen Weihnachtspunsch gönnen.
Hat im Advent der Sinn sich entfernt,
die frohe Botschaft entkernt?

Wenn der Weihnachtsmarkt öffnet im Advent,
dreht sich das Karussell,
es raucht, dampft und Kaminholz brennt,
Besucher wärmt das künstliche Fell.
Und es frieren immer noch Obdachlose,
wer schenkt dem Bettler eine feste Hose?
Ich frage mich, was ich hier eigentlich suche.
Was schlägt hier wem und der Besinnung zu Buche?
Hat im Advent der Sinn sich entfernt,
die frohe Botschaft entkernt?

Wenn der Weihnachtsmarkt öffnet im Advent,
laufe ich jedes Jahr übern Markt,
der Kutscher mit viel Schauspieltalent
hat sein Gefährt vor dem Eingang geparkt.
Und die Kinder rollen noch immer die Augen,
ob die Stiefel wohl zum Eislaufen taugen?

In den Straßen konkurriert ein schrilles Gebimmel,
Blaskapellen trompeten unentwegt zum Himmel.
Hat im Advent der Sinn sich entfernt,
die frohe Botschaft entkernt?

Wenn der Weihnachtsmarkt öffnet im Advent,
soll es jedes Jahr schöner sein.
Doch jedes Jahr es von vorne anfängt,
die Beschallung dringt durch Mark und Gebein.
Nach der Pandemie soll es wie vorher klingen,
wenn Kinderchöre auf der Marktbude singen.
Und die Maske hängt am Faden und baumelt,
Glühweinbeschwipst das halbe Christenvolk taumelt.
Hat im Advent der Sinn sich entfernt,
die frohe Botschaft entkernt?

DIE FROHE BOTSCHAFT

Die Augen wie Sterne, die Flügel aus Licht,
voll Güte strahlt das Engelgesicht.
Er bringt die Botschaft von Gottes Plan,
was er tut, ist nur aus Liebe getan.

Er leuchtet Maria mit goldenem Schein,
hüllt sie mit Gottes Erhabenheit ein.
Er spricht von Heilung, Erlösung und Trost,
dass Gottes Geist sie mit Willen umkost.

So sanft sind die Worte des Herre Christ,
dass Maria versteht, dass sie auserkoren ist,
Gottes Plan zu erfüllen mit seliger Freud.
Als sie erkennt, ertönt das Himmelsgeläut.

Geboren ist die Hoffnung der Welt,
dass der Mensch der Schöpfung Gottes gefällt,
dass das Seelenheil Gottes Willen entspricht,
dass für uns er entzündet sein ewiges Licht.

Wir zünden vier Kerzen an im Advent,
damit für uns alle das Licht entbrennt
für die unermessliche Liebe des Herrn,
dass er uns nah ist, auch wenn wir ihm fern.

Maria hat sich Gottes Liebe ergeben,
erwartet voll Demut das ewige Leben.
Wer sich hingibt in Gottes gnädige Hand,
dessen Seele wird ein Ewigkeitspfand.

IM ADVENT

Kerzenlichter leuchten hell,
Kirchenduft sie schufen.
Glockentöne, Gottesquell',
den Advent ausrufen.

Eine neue Zeit beginnt,
kürzer werden Tage.
Nach dem Licht die Seele sinnt,
stellt die Christusfrage.

Helferinnen schmücken still
Chorraum und die Bänke,
Hirten steh'n im Leinentwill
an der Krippentränke.

Tannenbäume, Silberglanz,
Ministranten läuten,
von der Decke hängt der Kranz,
Weihnacht anzudeuten.

In den Herzen Freude brennt,
Hoffnung auf den Frieden,
dem die ganze Welt nachrennt,
dass er uns beschieden.

Und die Chöre singen froh,
dass er uns behüte.
Kindlein lacht im Krippenstroh,
schenkt uns Gottes Güte.

GLÖCKCHEN UND KERZEN

Im Regal des Supermarktes
standen alle sie voll Stolz,
Glocken, Kerzen und Lametta,
Schaukelpferdchen, rot, aus Holz.

Im Advent kamen die Leute,
kauften unermüdlich ein.
Nur vier Kerzen in der Ecke
lagen da, nicht mein, nicht dein.

Heiligmorgen war's geworden,
nur noch goldnes Glöckchen hier
und die Kerzen in der Ecke
für den Kranz von eins bis vier.

Langsam leerten sich die Räume,
ganz zum Schluss wurd' abgesperrt.
Und die Chefin sah durchs Fenster
ins Regal, das nicht geleert.

Nutzlos fühlten sich die Kerzen
in der Packung hinterm Glas,
auch das Glöckchen schluchzte leise,
hatte keinen Weihnachtsspaß.

Sollen wir denn gar nicht brennen,
heulten die vier Kerzen auf,
und das Glöckchen schlug voll Kummer

seinen kleinen Schlegel auf.

Plötzlich stand da vor dem Fenster
eine alte Frau und staunte,
und die Chefin sah verhohlen
durch das Glas, als sie leis raunte:

„Glöckchen mag ich, Kerzen hab ich
keine mehr für meinen Kranz.
Oh, ihr lieben Weihnachtsgaben
schenkt mir euren Weihnachtsglanz."

Da erglühten alle Kerzen,
gold'ner noch das Glöckchen glänzte.
„Ach", bangte die alte Dame,
„ob sie mir einer kredenzte?"

Die Frau, berührt, schloss auf die Tür,
winkte ihr zu, ging hin zum Stand.
„Warten sie", bat sie die Frau,
nahm Kerzen, Glöckchen in die Hand.

Gab sie der alten Frau und sagte:
„Ich hab für Sie ein Lichtgeschenk."
„Oh, das ist aber wirklich gütig,
am Weihnachtsbaum ich an Sie denk."

So brannten alle Kerzen fröhlich,
hellauf das Glöckchen lieblich klang.
Und war ein heiligfrommes Singen,
das durch die weiten Straßen drang.

KERZEN

Kerzen, Lichter voller Glanz,
lodern auf im Flammentanz,
laden mit dem hellen Schein
uns in andre Welten ein.

Kerzen sind wie kleine Sterne,
wenn sie leuchten aus der Ferne,
Lichter göttlicher Magie,
eine Himmelsmelodie.

In der Nähe dieser Zeit
spürst du die Geborgenheit
dieser kleinen stillen Stunde,
sie schließt deine Seelenwunde.

Sie zeigen mit dem Lichterleben,
die Liebe kann nur Liebe geben.
Gottes Gnade wird nie enden,
er nur kann Erlösung spenden.

Beten unterm Friedenslicht,
hören, was Christus verspricht.
Liebe wird auch dir zuteil,
sie erlöst und macht uns heil.

SÜSSE VERFÜHRUNG

Kennt ihr die kleinen Hausgenossen,
die im Advent über die Sprossen
eines winz'gen Treppeleins
verschwinden. Kennt ihr keins?

Sie öffnen unsichtbare Türen,
als ob durch Wände sie einführen.
Seht nur, in Mutters Vorratskammer
entfernen sie die Dosenklammer.

Es gibt auch große Artgenossen,
die ständig hamstern, unverdrossen!
Sie alle unentwegt entdecken,
wie köstlich Weihnachtsplätzchen schmecken.

Wie lieblich doch die Küsse sind
von Zimtsternen, Aachener Print'.
Wer wird da nicht zum Weihnachtsdieb
und hat die Bäckerin gar lieb!

Oh liebe gute Meisterin,
verschmerz den Schwund und nimm ihn hin.
Denn deine edle Bäckerkunst
erweckte erst die große Gunst.

Bis Weihnachten ist ja noch Zeit
für Nachschub mit dem Zuckerkleid.
Und bitte, heg doch keinen Groll,
die letzten Bleche bleiben voll.

KÖSTLICHE WEIHNACHT

Flockentanz auf Mistelzweigen
kündet uns von stiller Zeit,
sich die Tannenzweige neigen
vor der heilgen Ewigkeit.

Gleitend auf des Eises Fläche
zieht der stolze Entenmann,
bis die Frosthaut kleiner Bäche
schmilzt und plätschert irgendwann.

Dort steht nun der Vater wieder
in der warmen Winterkluft,
wirft mit Schwung die Angel nieder,
bis ein Fischlein an ihr zupft.

Ist die heil'ge Nacht gekommen
macht er seinen Bottich zu.
Die noch jetzt daher geschwommen
haben vor ihm endlich Ruh.

Froh bringt er die frischen Fische
seiner Frau als Festtagsclou.
Und wie zauberische
Freude zwinkern sich die Augen zu.

Fröhlich springt die Festvorfreude
aus Verzücken durch den Raum,
Köstliches mit froher Botschaft
paart sich unterm Weihnachtsbaum.

Die Forelle mit Zitrone
Salzkartoffeln, Kopfsalat,
Hollandaise wird zur Ikone
und der Gaumen macht Spagat.

Ach, der Magen wird zum Mieder,
auf den Tellern hüpft noch Schaum
süßen Nachtischs und hybrider
duftet der Kaffee im Raum.

So gesungen, wie gelungen
ist die Speiselitanei.
Und die heilge Nacht erleuchtet
die Fünfsterne-Jubelei.

ENGELWIND

Engelwind,
wenn die Wächter die Flügel schwingen,
Engelwind,
wenn die Beschützer des Himmels
das Seelenheil zu uns bringen.

Dies ist das Licht hellster Lichter,
das wächst aus der Dunkelheit,
das uns der Ewigkeits-Schlichter
entzündet als Friedensgeleit.

Gottes Liebe wird dich erfüllen,
sie schenkt dir Freude und Glück.
Sein Geist wird die Seele in Schönheit hüllen
und führt dich ins Leben zurück.

Wenn der Friedefürst kommt,
seinen Sohn zu uns sendet,
durch Maria, der Mutter des Herrn,
das Kind, uns geboren, Erlösung spendet,
in der Christnacht leuchtet sein Stern.

Engelwind,
wenn die Wächter die Flügel schwingen,
Engelwind,
wenn die Beschützer des Himmels
das Seelenheil zu uns bringen.

CHÖRE DER ENGEL

Beschirme Cherub Gottes heiligen Tempel,
die Herrlichkeit trage ins Innere des Lichts,
throne über der Bundeslade Priesterschrift,
sie ziert des heiligen Elohims Stempel.

Entflamme Seraph, reines himmlisches Wesen,
die ewige Kraft Gottes unermesslich ist,
rufe dreifach die Heiligkeit Jahwes aus,
Schöpfergeist, der schon immer gewesen.

Oh Chöre der Engel, stimmt an den Lobpreis
und singt von der gnädigen Güte des Herrn,
Sternenglanz droben strahlt am Firmament,
entsprungen aus zarter Wurzel ein Reis.

Verkünder der Botschaft, der Heilwerdung Kern,
verheißt die Menschwerdung der Auserkorenen,
sie preist mit Ergebenheit die Gotteswahl:
„Meine Seele erhebet den Herrn."

JESULEIN UNTER DEM HERZEN

Jesulein, unter dem Herzen
trägt Maria durch die Nacht,
und die Flammen aller Kerzen
lodern auf zur Himmelspracht.
In die Hütte fielen Sterne,
glänzten heller als das Licht,
und aus hoher, weiter Ferne
Gabriel die Botschaft spricht.

Süßer Lobsang drang hernieder
und die Hirten sahen auf,
Glockenklang und Engellieder
schwangen überm Sternenlauf.
Tauchten alles in ein Tönen,
in den heilgen Gottesklang,
sich demütig zu versöhnen,
Frieden in die Seelen drang.

Jesulein im Stall geboren,
Jesses Spross, du Rosenkind,
Liebe geht nicht mehr verloren,
weit trägt sie der Engelwind.
Lässt in allem Liebe scheinen,
Freud und Leid im Tränenlauf,
der verflossen mit dem Weinen,
Licht der Liebe geh uns auf.

Jesulein mit heil'gem Herzen
WILLST UNS TRÖSTEN, HEILAND SEIN,

zündest an der Liebe Kerzen,
uns der Ewigkeit zu weihn,
lächelst mit dem goldnen Krönchen
Jesulein, du Lilienlicht,
bist des Friedens Wunderschönchen
Jesulein, Himmelsgesicht.

GEBURTSBRIEF

Diese Aussicht, wenn Scheite lodern,
brausen, zusammenfallen,
Flammengespinste Feuer und Glut vernetzen.

Wer entdeckt das Übermaß des Winters,
wenn weiße Aussichten Stille verkünden und Leere,
wenn Blicke ohne Worte einkehren in Gesichtern,
die Nacht den Geburtsbrief schreibt,
einer goldenen Verlockung folgend,
ein Neugeborenes in der Strohkammer lacht?

Wen wundert es, wenn dieses Sternenlicht
alles Kunstlicht verblassen lässt?
Wer zündet ein Feuer an,
wenn die Schlagader des Lebens
zu spüren beginnt und zu fühlen?

Wer will noch weichen,
wenn Sehnen, Lieben und Hoffen
neue Bilder spinnt?

GOTTES SOHN IST MENSCH GEWORDEN

Winter grimmte, zog das Flockentuch stramm,
blies die bauschenden Federn klamm,
Eisspitzen klirrten zuhauf.
Sonne küsste die Schneehäubchen wach,
hielt den zaudernden Frost in Schach,
Christrosen blühten auf.

Engel kamen vom Himmel geschwungen,
Sterne haben sich ausbedungen,
Wege zu spuren mit Licht.
Schafe blökten und Hirten erschraken,
Hunde schlugen ganz krumme Haken,
trauten den Ohren nicht.

„Euch ist der Heiland heute geboren,
Gott hat Maria auserkoren,
Christkindchens Mutter zu sein.
Folgt sogleich diesen Sternenspuren,
Jesus lädt ein euch zu Pilgertouren,
liegt in der Krippe ganz klein."

Raunen und Murmeln in weiter Landschaft,
vor ihnen Bilder der göttlichen Botschaft,
aufbrachen sie mit der Herde,
fanden den Stall, Josef und Maria,
knieten und huldigten der Ecclesia,
Erlösung zuteil ihnen werde.
Frieden erfüllte geschundene Seelen,

Jubel, Gesänge drang aus allen Kehlen,
Ewigkeitsleuchten begann.
Heut ist der Sohn Gottes Mensch geworden,
Lobpreis und Freude weithin überborden,
Furcht vor dem Sterben zerrann.

WENN WIR JEDE NACHT AN DAS CHRISTUSKIND DÄCHTEN

Wer denkt im Juli schon an den Advent,
wenn im Schein der Sonne die Haut verbrennt,
wenn im Abendlicht flötet der Vogelgesang,
wenn die Herzen lockt ein himmlischer Klang?

Wer will im Sommer schon Schnee und Eis,
wenn die Luft so schwül, der Himmel heiß,
wenn der Schweiß aus den Poren nur so trieft,
bis späte Mondnacht die Sterne hievt?

Wer hat im Sonnenschein von Leid gehört,
wenn der Waffennarr seine Unschuld beschwört,
wenn in Kriegen so viele Kinder getötet,
dass Häuser und Straßen vom Blut gerötet?

Wer denkt im Juli schon an den Advent,
wenn der Krieg die Städte und Dörfer verbrennt,
wenn der Schrei Verfolgter durch die Wälder schallt
und in den Nachrichten immer widerhallt?

Wir haben nur im Dezember Advent,
wenn Kerze um Kerze am Kranz niederbrennt,
wenn wir bitten um Frieden in aller Welt,
wenn das kleine Christuskind Einzug hält,

wenn wir hoffen auf Gottes Barmherzigkeit,
den Frieden der Seelen, Gerechtigkeit,

wenn in stiller Nacht Waffenruhe ist,
selbst die Feinde hoffen auf Jesu Christ.

Ach, hätten wir jeden Tag stille Nacht,
hätt die Waffenruhe den Krieg umgebracht,
der Aktienkurs wäre eingebrochen,
der Waffennarr käm' zu Kreuze gekrochen,
hätte alles verloren in diesen Nächten,
wenn wir jede Nacht an das Christuskind dächten.

INNERE EINKEHR

Die Zeit wird immer kürzer,
die Jahre dreh'n sich um!
Du sitzt im Arbeitszimmer
und fragst dich stets, warum?
Die Zeiger aller Uhren
dreh'n sich im gleichen Takt.
Schau die Sekundenspuren
längst schlossen einen Pakt.

Willst du es auch nicht sehen,
sehr viel willst du zu schnell.
Bleib doch nur einmal stehen
und werde zum Rebell.
Die Muße und die Ruhe
stahlen sich dir davon,
die produktiven Schuhe,
ein Mühlstein aus Beton.

Aber an Heiligabend,
zu unser Seelen Heil,
den Segen Gottes habend,
wird dir ein Licht zuteil.
Vergiss das viele Sorgen,
was dich nicht ruhen lässt.
Willst du dir Leben borgen,
feire das Weihnachtsfest.

Denn nichts ist dann vonnöten
als Stille und Vertrau'n.
Die Engel Zuflucht böten,
dir einen Himmel bau'n.
Komm sing mit uns und lache.
Gott schickte uns den Sohn.
Setz dich zur Kripp' und wache,
die Liebe ist der Lohn.

WERKVERZEICHNIS

Vermisstenanzeige. Gewidmet den ermordeten Juden des Naziregimes. Lyrik und Prosa. Vera Hewener. Libri BoD. Norderstedt 2000. ISBN 3-8311-0748-3. 2. erw. Auflage 2014. ISBN 978-3831107483.

Lichtflut. Reisenotizen. Lyrik und Prosa. Vera Hewener. Edition Calamus. Norderstedt 2001. ISBN 3-8311-1493-5. 2. erw. Auflage 2014. ISBN 987-3831114931.

Eine Neigung aus Blau. Gegenwartslyrik. Vera Hewener. Norderstedt 2002. ISBN 3.8311-3334-4. 2. Auflage 2014. ISBN 9783831133345

Bist Himmel mir und tausend Feuerfunken. Gedichte. Vera Hewener. Mauer Verlag. Rottenburg a/N. 2003. ISBN 3-937008-46-2.

Verwirbelungen der Zeit. Vera Hewener. Lyrik mit Bildern von Carolin Isele. WiKu Éditions Paris E.U.R.L. Paris und WiKu Verlag KG Berlin 2005. ISBN 3-86553-203-9.

Es kommen andere Ewigkeiten. Gedichte. Vera Hewener. WiKu Édition Paris ISBN 2-84976-0188 WiKu Verlag 2007. ISBN 978-3-86553-189-6.

Himmelsstürme. Vera Hewener. Gedichte mit Fotografien. edition Wort Verlag Bitburg 2010. ISBN 978-3-936554-00-3.

Das Jahr: Dichtung in vier Sätzen. Vera Hewener. Gedichte mit Fotografien. BoD Books on Demand Norderstedt 2013. ISBN 978-3-7322-3168-3.

Zaubervolle Winterwelt. Gedichte, Geschichten, Notizen. Vera Hewener. Verlag BoD Books on Demand. Norderstedt 2014. ISBN 9783735761262.

Frühlingsserenade. Die schönsten Gedichte, Geschichten und Notizen zur Frühlingszeit. Vera Hewener. Verlag BoD Books on Demand. Norderstedt 2015. ISBN 978-37347-3140-2.

Die Blüte des Sommers. Sommeranthologie. Die schönsten Gedichte, Geschichten und Kalendernotizen. Vera Hewener. Verlag BoD Books on Demand. Norderstedt 2015. ISBN 978-3-7347-89540.

In der Saar schwimmen keine Krokodile. Gegenwartslyrik & Texte. Vera Hewener. Verlag BoD Books on Demand. Norderstedt 2015. ISBN 9783738635676
Von Lorraine nach Aquitaine. Reisenotizen in Lyrik und Prosa. Reiseliteratur Band 1. Vera Hewener. Verlag BoD Books on Demand. Norderstedt 2016. ISBN 9783741210860.

Du trocknest meine Tränen wieder. Religiöse Lyrik & Texte. Vera Hewener. Verlag BoD Books on Demand. Norderstedt 2016. ISBN 9783743113589.

Zaubervolle Jahreszeiten. Der Frühling. Vera Hewener. Verlag BoD Books on Demand. Norderstedt 2017. ISBN 9783743125117.

Aus meinem Federkiel. Magische Momente. Natur & Seele. Gedichte. Vera Hewener. Verlag BoD Books on Demand. Norderstedt 2017. ISBN 9783744870511.

Zaubervolle Jahreszeiten. Der Sommer. Vera Hewener. Verlag BoD Books on Demand. Norderstedt 2017. ISBN 9783744870993.

„Kerzen, Wunder, Himmels-Zunder". Vera Hewener. Lustige und besinnliche Geschichten und Gedichte zur Advents- und Weihnachtszeit. Verlag BOD Books on Demand. Norderstedt 2017. ISBN 9783744893824. 2. Ausgabe 2019. ISBN 9783738629682.

Die Jahreszeiten: Auslese. Gedichte. Vera Hewener. Verlag BOD Books on Demand. Norderstedt 2018. ISBN 9783738636017.

Werkausgabe Band I. Frühe Gedichte 1970-1999. Verlag BOD Books on Demand. Norderstedt 2018. ISBN-13: 9783746025292.

Kinder, Hund, Familienbund. Lustiges, Tierisches und Allzumensch-liches in Lyrik und Prosa. Vera Hewener. Verlag BOD Books on Demand. Norderstedt 2018. ISBN 9783746056821.

Zaubervolle Jahreszeiten. Der Herbst. Vera Hewener. Verlag BoD Books on Demand. Norderstedt 2018. ISBN 9783752842135.

Christnacht, Glocken, Engelslocken. Gedichte und Geschichten zur Weihnacht. Vera Hewener. Verlag BoD Books on Demand. Norderstedt 2018. ISBN 9783748107637. 2. Ausgabe 2019. ISBN 9783741251641.

In der Saar feiern die Fische. Gegenwartslyrik & Szenen. Vera Hewener. Verlag BoD Books on Demand. Norderstedt 2019. ISBN 9783732237142. 2. Aufl. 2020. ISBN 9783752810080.

Von Brandasund bis Nasholim. Reisegedichte, lyrische Ausflüge, Geschichten und Notizen. Reiseliteratur Band 2. Vera Hewener. Verlag BoD Books on Demand. Norderstedt 2019. ISBN 9783732235841.

Tannen, Lobgesang, Weihnachtsklang. Gedichte, Geschichten, Liedtexte und Bühnenstücke zur Advents- und Weihnachtszeit. Vera Hewener. Verlag BoD Books on Demand. Norderstedt 2019. ISBN 9783750400030.

In der Saar tanzen die Schwäne. Gedichte, Geschichten & Szenen. Vera Hewener. Verlag BoD Books on Demand. Norderstedt 2020. ISBN 9783751921060.

Zaubervolle Weihnachtswelt. Geschichten, Gedichte, Stücke & Notizen zur Advents- und Weihnachtszeit. Vera Hewener. Verlag BoD Books on Demand. Norderstedt 2020. ISBN 9783752606409.

Weihnachtsklang, Lobgesang. Deutsche Gedichte und Nachdich-tungen internationaler Weihnachtslieder, Gospels, Spirituals und deutsche Weihnachtslieder in moselfränkischer Mundart. Vera Hewener. Verlag BoD Books on Demand. Norderstedt 2020. ISBN 9783752606393.

Sodom und Camorra. Kurze Bühnenstücke für viele Gelegenheiten. Vera Hewener. Verlag BoD Books on Demand. Norderstedt 2020. ISBN 9783752606386.

Oh Frühling, komm! Natur, Stadt & Land. Die schönsten Frühlingsgedichte. Vera Hewener. Verlag BoD Books on Demand. Norderstedt 2021. ISBN 9783753439594.

Oh Sommer, leuchte. Natur, Stadt & Land. Die schönsten Sommergedichte. Vera Hewener. Verlag BoD Books on Demand. Norderstedt 2021. ISBN 9783753421414.

Oh Herbst, wandle!. Natur, Stadt & Land. Die schönsten Herbstgedichte. Vera Hewener. Verlag BoD Books on Demand. Norderstedt 2021. ISBN 9783754320655.

Oh Winter, schneie! Natur, Stadt & Land. Die schönsten Wintergedichte. Vera Hewener. Verlag BoD Books on Demand. Norderstedt 2021. ISBN 9783754347034.

Das kleine Tännlein. Die schönsten Weihnachtgeschichten. Vera Hewener. Verlag BoD Books on Demand. Norderstedt 2021. ISBN 9783755701705.

Denn die Zeit ist des Ewigen Aufgang. Zeitgedichte von der Morgenröte bis zur Abendstunde. Vera Hewener. Verlag BoD Books on Demand. Norderstedt 2022. ISBN 9783755738756.

Denn die Nacht ist der Spiegel der Sterne. Abend- und Nachtgedichte. Vera Hewener. Verlag BoD Books on Demand. Norderstedt 2022. ISBN 9783755730125.

Verrückte Tierliebe. Tiergedichte für alle Generationen. Vera Hewener. Verlag BoD Books on Demand. Norderstedt 2022. ISBN 9783754359860.

Wellen, Wogen, Himmelsbogen. Gedichte und Geschichten über Meere, Ströme und Gewässer. Vera Hewener. Verlag BoD Books on Demand. Norderstedt 2022. ISBN 9783755734468.

Äpfel, Nuss und Mandelkuss. Weihnachtsgeschichten. Vera Hewener. Verlag BoD Books on Demand. Norderstedt 2022. ISBN 9783756223770.

Das Licht der Weihnacht. Die schönsten Weihnachtsgedichte. Vera Hewener. Verlag BoD Books on Demand. Norderstedt 2022. ISBN 9783756844197.

In Paris ist die Zeit verschwunden. Gedichte. Vera Hewener. Verlag BoD Books on Demand. Norderstedt 2023. ISBN 9783734714283.

Oh Rose, Zauberblume, Rosengedichte und Geschichten. Vera Hewener. Verlag BoD Books on Demand. Norderstedt 2023. ISBN 9783738612936.

Vom Salzburger Land bis Südtirol. Reisenotizen in Lyrik und Prosa. Reiseliteratur Band 3. Vera Hewener. Verlag BoD Books on Demand. Norderstedt 2023. ISBN 9783744818124.

Weihnachtstheater. Kurze Bühnenstücke, Sketche. Vera Hewener. Verlag BoD Books on Demand. Norderstedt 2023. ISBN 9783746092607.